禅キリスト教の誕生

禅キリスト教の誕生

佐藤 研

岩波書店

耕雲軒山田禅心老大師の御霊前に

はしがき

以下は、私が過去においてキリスト教や禅に関して書いたり、講演した原稿の集積に、あらたにいくつかの関連論考を加えたものである。〈禅キリスト教〉という主題で書き下ろした単行本とは異なり、論考間に若干の繰り返しがあり、内容の濃淡もある。時代的に古いものもある。しかし、どうしても必要な修正以外は敢えて過度の調整はせず、また形式の統一も最低限で止めてある(たとえば、本文中の〔 〕は、今回一巻本にする際に挿入した注釈である)。初出版の年代に関しては、巻末の「初出一覧」をご覧いただきたい。

著者

目　次

目次

目次

目次

I　キリスト教の再定義

第1章　なぜヨーロッパで禅か
――あるいは「禅キリスト教」の可能性――

1　坐禅のヨーロッパ伝播

一つの例から始めよう。(1) 南ドイツのディートフルト(Dietfurt)という、人口数千人の小さな町にある、フランシスコ会の修道院での話である。ここに、一九七七年の暮れ、ドイツでは初めて、正式の坐禅道場が建てられた。このような建物をカトリックの修道会が建設するということで、すでに大変な問題と困難があったのだが、とにかく、日本風の堅固かつ質素な建物で、約四〇人ほどの人が一堂に坐につき、「接心」という数日間の集中的修行をすることが可能な禅堂が完成したのである。そこで翌年の三月、初めての接心が開かれた。指導したのは日本に帰化し、当時もう三〇年も前から禅の修行を続けていたイエズス会の愛宮《えのみや》ラサール(Hugo M. Enomiya-Lassalle)神父(一八九八―一九九〇年)であった。しかしこの時は参加者はたったの一三人、禅堂は人影がまばらであった。その後も、年内の接心はどれも似たり寄ったりの具合であった。ところが翌一九七九年になるや、変化が起こった。応募者が突如殺到し、七九人が待機者リストに載せられるという事態が生じた。主宰者たちは半信半疑であった。宣伝は一度もしなかったが、明らかに口コミで広がったのである。そしてこの一九七九年初頭の接心以後、同様の盛況が当禅堂の通常の事態となった。その後一〇年間の修道院の統計を見ると、接心およびそれに類する坐禅関係のコースは計五〇〇回開かれた。平均して一年に五〇回、つまり一週間に一回の割合である。坐った人数は延べ一万七〇〇〇人。参加者の年齢は二〇代の若者から七〇代、八〇代のシルバー世代まで拡散、男女の比率はやや女性が多い。職業は学生、主婦、教員、労働者、医者、ヨガ教師、音楽家、画家、会社員、カウンセラー、無職、ほとんどあらゆる職種と言ってよい。宗教上の帰属は、一〇人のうち五人くらいがカトリック、一人二人がプロテスタント、残りの三、四人がもはやそのどちらとも積極的な繋がりを持っていない人たちである。(2) その後ほどなくして、ドイツにはこの修道院と同じ禅の流れ(3)に属する禅堂が三つ、四つと増えていった。

これは確かに一九七〇年代後半のドイツである。しかしその後二〇年ほど経っても、事態はさほど変化していない。坐禅の需要が弱まったということは全くなく、むしろ一般のドイツ民衆の間に、ある定着を見たと言う方が正しい。先のディートフルトでは、昨年(一九九九年)、愛宮ラサール神父から数えて三代目の若い四〇代の指導者が着任したばかりであるが、それでも年に一〇回ほどの接心があり、おのおのの接心が約四〇名ほどの恒常的参加者を見ている。事情はディートフルト以外の禅堂でも大差なく、草の根的宗教運動としての「坐禅」運動は、ドイツでは確立されたと見なしてよいであろう。現在、ドイツの数カ所(ヴュルツブルク、オーホーフ、ミュンヘン、ヴァイヤルン、エッセン、アイテルン、ゼーク他)以外にも、スペインのマドリッド、セヴィリヤ、スイスのチューリッヒ、英国のロンドンとオックスフォード、フランスのサンタンドレ・ド・サンゴニス、カナダのトロント、オーストラリアのブリスベインその他にも、同系統の指導者たちを擁する禅堂が建てられている。さらに、当然ながら、純粋に臨済系ないし曹洞系の禅堂はヨーロッパの各所に設立されている。ことドイツ語圏に関しては、おそらく中程度の規模の都市ならどこへ行っても――たとえ正規の禅堂はなく、個人の家がその場であっても――坐禅を志しているグループにどこかしらで必ず会うと言っても過言ではないであろう。

2　キリスト教の没落

これと対照的なのが、キリスト教の凋落である。と言ってもその際、「クリスマス」等の社会行事の人気如何を意味しているのではない。こちらの方は何ら下降する気配もなく、クリスマスはヨーロッパの人々の大部分にとって今なお最も重要な年中行事である。むしろここでは、生きた宗教としての、教会生活を中心としたキリスト教の地盤沈下のことを問題としている。これが今、ある危機的レベルを超えて進行していると思えるのである。

一九七〇年代の終わり頃（つまり先に引いたディートフルト禅堂建設の頃）、筆者はドイツのプロテスタント系の大学神学部に留学したが、この頃はドイツ語圏の大学で神学を学ぶことは、ドイツ人にとっては一つのエリート・コースであった。牧師職はそれだけ有望であり、社会の中でも上層に属する職業であった。教会に通う人が若年層も含めて相当数あり、教会はその地域共同体の中核であった。ところがそれより二〇年も経たない一九九五年夏、筆者がスイス・チューリッヒの有名なフラウ・ミュンスター（Fraumünster）教会を訪れた時、一つの衝撃を体験せざるを得なかった。当日は、説教者がチューリッヒ大学神学部の名高い名誉教授だというので、教会堂は確かに七割ほどの人が入っていた。だが問題は、そこに集まった人々である。そのうちほぼ八、九割がひと目見てわかる高齢者なのだ。何人かの若者の姿も発見したが、それこそ珍しい現象と言ってよかった。しかし知人の話では、そもそも七割以上の席が埋まるのが稀なことで、通常なら一、二割で、それも老人層だということであった。同教授の後光があってもこの程度で、要するにこの有名な教会の活動は人口の中核層からは見放されていると言わざるを得ない。その他、二、三の教会にも行ったが、そこでの礼拝は、こと参加者数に関してはまさに壊滅的で、ほとんど礼拝が成立しない状態であった。

これを裏づけるように、しばらく前からドイツ・スイス圏の神学部(すなわち牧師養成の代表的機関)では一種のリストラが進行している。学生の数が減り続けているのに、絶頂期と同数の教授陣を抱えているわけにはいかないのである。今年会った、現在ドイツで働いているあるオーストリア人は、次のように世評をアイロニカルにまとめていた、「一九七〇年代は、神学を学ぶ者は賢い者という評判だった。しかし九〇年代では、神学を専攻する者は愚かな変質者でしかない」。

3　何が原因か

こうして、一つの「図式」が浮かぶであろう。ヨーロッパでもとりわけドイツ語圏におけるキリスト教は、二〇世紀後半、それもここ二十数年で急速に退潮しつつある。それとあたかも相関関係を持つかのように、七〇年代から坐禅への需要は高まりを見せつつ、いまや「禅ブーム」などと言うのがおこがましいほど確立されてきた、という事態である。その際注記すれば、「禅」といっても、禅文献が広く読まれている、というような知的次元の禅受容ではなく、実際に自ら坐る「坐禅」の修行がはなはだ広範に行なわれているということである。もちろん、禅関係の書物も、多少大きめの書店ならどこであっても、それなりのコーナーに置いてあると言ってよい。

一体、何がこうした現象の原因か。当然ながらそれには複層的なものがあろう。専門的に考察するなら、社会経済的・社会文化的・宗教学的・思想史的・統計学的等々の研究調査が必要である。ここではその用意はないので、私の主観に基づいたいくらかの側面を描くエッセーで寛恕していただく。

4　キリスト教的言語の無力化

キリスト教は、「神の言葉」に基づく宗教である。とりわけ西ヨーロッパの教派——カトリックとプロテスタント諸派——においては、その性格が一層強い。(4) ユダヤ教譲りのこの「言葉」に集中する伝統がギリシアの思想性と結合して、壮大・緻密な神学が生まれ、信仰告白文や教義が発生し、場合によってはそれに合致するかしないかで「正邪」の区別が生み出されてきた。しかし「言葉」は、根本的に時代と文化に制約されたものである。言語発表はおしなべて、背後にあるリアリティの表現されたものと考えることができようが、しかし時代が移り、文化が異なってくると、果たしてその言語表現をチャンネルにして元来のリアリティに同じように参与できるかどうかが怪しくなる。特にその言語表現自体が独り立ちして世々生き延び、権威化し、それを単に受容することを他に要求するようになれば、人心からの乖離はほとんど免れない。

因みに、現在に至るどのキリスト教の派でもほぼ一様に基本的文言として受容されている「使徒信条」を見てみよう。

……我はその独り子、我らの主、イエス・キリストを信ず。主は聖霊によりてやどり、処女マリヤより生まれ、ポンテオ・ピラトのもとに苦しみを受け、十字架につけられ、死にて葬られ、陰府《よみ》に下り、三日目に死人のうちよりよみがへり、天に昇り、全能の父なる神の右に坐したまへり、かしこより来たりて、生ける者と死ねる者を審《さば》きたまはん⑤……。

この本文は八世紀頃、つまり今からほぼ一二〇〇年前に確定されたものである。当時はこれに疑義を挟んだら「異端」の烙印を押され、キリスト教社会からは抹殺された。現代ではあからさまにそのような蛮行はないであろうが、しかし問題は、これがどれほど現代の人間に理解可能か、あるいは——説明を受け、解説を聞いて頭では「理解」しても——どれほどその背後にかつてはあったであろうリアリティを同じように体得できるかである。世界観も人間観も全く異なってしまい、かつ価値の諸系列が過剰なほど多次元化している現代人には——そして今問題としている現代ドイツ語圏のヨーロッパ人には——極度に困難な注文であろう。つまり、キリスト教的救済言語は、一様に形骸化し、無力化する危険に晒されていると言える。

5　救済体験への渇望

とはいえ、人間であるからには、依然として根元的な不安を持つ。存在の最も基本的な有様を「不安」(Angst)と見抜いた哲学者は少なくない(キルケゴール、シェストフ、サルトル、とりわけハイデガー)が、それが今のヨーロッパでは終末論的・共同体的に増幅している。「終末論的」にというのは、単に自分が生きて死ぬことへの不安というだけでなく、世界自体の没落が迫っている、あるいはもう始まっているという全体的な雰囲気からくる不安が瀰漫《びまん》しているということである。二〇世紀前半でヨーロッパの政治的・軍事的・経済的世界支配は名目的にも実質的にも終焉し、その後ヨーロッパ文化自体がヴィジョンのないあからさまな老衰期に突入していった。いわゆる「ポスト・モダン」期の到来である。そして、それまでのヨーロッパ的人間観の核心に存在し続けていた「個」の確立への信頼も、緩慢に解体へと向かい出した。キリスト教の救済体系が機能不全に陥っていくのも、これと並行している。この点、日本とは対照的である。一抹の怯えを漂わせながらもなお総体的には——九〇年代後半のこの不況のさなかでさえ——文化的には「楽天的」なのが日本である。これと比べると、ドイツ語圏ヨーロッパには明らかに、冷え冷えと醒めたペシミズムが支配しているように見える。

　こうした中で多くの人々が求めるのは、もはや救済の言語ではない。いくら深遠な本を読み、いくらよい講演を聴いても、知的あるいは感情的レベル以上に訴える力を持たないことを、そうした人々は知っている。むしろ、言説を越えたリアリティの実体験が希求される。そうした体験こそが、濃密化した存在論的不安を克服する道であることを、かつてドイツ神秘主義を生んだ国はどこか予感するのであろう。坐禅は、こうした彼らの心の中に、砂漠の砂に吸い込まれる水のように、浸透していったように思われる。

6　坐禅の体験知

それは、坐禅が与えるものが、さまざまな程度の濃淡はあれ、一義的には観念知であるより全身の体験による体験知であることによる。つまり禅は、頭を使って理解する知ではなく、身体を使って体験的に「思い知る」知である点に特徴がある。もちろんこの際、「思い知る」と言っても、蚊に刺されればかゆい、というようなある対象的な事態や事物を思い知ると言っているのではない。そうではなく、後でも述べるように、最終的には自己の本然の姿を、そして同時に世界の本来の相を、全身で納得するのである。その際の明証性は、たとえば柱に頭を打ちつけたらひどく痛い、ということが証明を必要としないほど自明であると同じ程度に、明証的なものである。

また、この「体験知」は、一回で終わってしまうようなものでなく、一生深まり続け、肉化され続けるところの、持続的なものである。つまり、人が明確な方法論のもと、自ら限りなく歩み続けることのできる一つの「道」である。したがって、こうした継続的な体験知の道を主旨として掲げる坐禅に、キリスト教的救済言語の形骸性に絶望ないし失望した人々の多くが加わってくるのは、故なきことではない。

7　超「宗教」性

ヨーロッパの人々が坐禅に参じるようになるもう一つの理由は、坐禅が本来的にどれかある特定の宗教体制ないしは宗教イデオロギーに密着したものではなく、どの宗教を奉じる者にも実行可能だということである。つまり、仏教であろうが、キリスト教であろうが、イスラム教であろうが、あるいは神道であろうが、無宗教であろうが、人間であれば誰でも坐禅をすることができる。要するに端座して呼吸を整え、形のない内的なものに精神を集中・没頭させる業《わざ》であり、そこから自己の知的制御を越えた本来の世界が体験的に開陳されるのであるから、そもそも外在的な宗教的言辞の支配を受けるものではないのである。確かに伝統的には、禅の修行は仏教の枠の中で伝授されてはきた。しかしこの結合は本質的には偶然のものである。これは逆に言えば、坐禅の体験はどの宗教の中にも真摯な形で受容され再解釈されうるということをも意味する。この点を説得的に示したのが、とりわけ鎌倉の三雲禅堂主の山田耕雲老師（一九〇七―八九年）であった（本書エピローグ注参照）。今のドイツ語圏の禅は、過半数が彼および彼の後継者の指導のもとに禅教師として認可された者たちの活動に依っている。事実ヨーロッパには、坐禅の道に進んで幾年にもなる仏教者およびキリスト教者だけではなく、ユダヤ教徒も自称無神論者も存在している。そうした仏教徒以外の者は、彼らなりの宗教言語で、自らの体験を再言語化することになる。もちろん、禅の体験が己の固有の宗教にフィードバックされた場合、内容的に何らかの変貌が加わることは避けられないであろう。実際このレポートでも、キリスト教がこの線ではどのような相貌になっていくか、予想してみるつもりである。しかしはやい話が、坐禅をするためにまず何よりも「仏教徒」になる必要は全くないのである。(6) それは同時に、禅をするために禅寺に得度して入ることは全然必要なく、いわば「在家」のまま、俗世間と日常生活の只中で継続実行することが可能だということをも意味する。そしてこのことが、一般のヨーロッパ人に――とりわけ脱イデオロギー性を持つ「ポスト・モダン」の現代ヨーロッパ人に――禅の道を歩む上で決定的な門戸開放と感じられたことは、想像に難くない。この点の発見は、ほとんど宗教史的意義を持つものである。

8　新しい連帯の可能性

さらに一つ、ヨーロッパで禅が広まっている要因をあげておこう。坐禅というものは決して個人的営みではない。もちろん、各自が日々坐ることが前提ではあるが、より勧められるのが誰かと一緒に坐ること、あるいは指導者のもと、禅堂などでグループで坐ることである。つまり、「道友」と共に坐することである。そうすれば坐が一層深くなることは、ほぼ誰でも経験的に証言することである。また、坐が深くなるだけではなく、その共に坐った人々との間に独自の精神的紐帯が生じる。言葉を使ってコミュニケートはせずとも、ある連帯が生まれるのである。それは各人個々の主義や宗教的帰属を越えて成立し、働く。つまり坐禅とは、本質的に共同体創造的な営みなのである。これが仏教で言う「僧《サンガ》」発生の源にある。

このことは、いわゆる「個人」主義のヨーロッパ的人間観およびその行き詰まりの状況に対して、ある斬新な矯正を与えるに十分である。すなわち、共に坐するという行為が、個々人の孤独な断片化を癒し、分断化を乗り越えさせる可能性を持つのである。これは何も「セクト」化する傾向があるということではない。筆者の知る限り、ヨーロッパの禅グループは基本的に外に開かれており、グループ相互の往来も自由である。むしろ、坐禅の勃興から四半世紀が過ぎようとしている現在では、ヨーロッパで禅を行ずる人々は、単に自分がある体験を渇望しているという個人的レベルに留まらず、いかにより新しい人間的共同体性を坐禅の道を通して可能にするか、という次元に、より意識と力を注いでいるように思える。

9　新しい普遍へ

次に、ヨーロッパにおける坐禅運動を最も遠景から、あるいは底辺から動機づけているものとして、一つの時代精神とでも言うべき二〇世紀後半のヨーロッパ、それも特に西側欧州の潮流を挙げておきたい。それは精神的構築体制の「ポスト・モダン」的な崩壊と同時に、逆にこれまでとは本質的に違った次元での「普遍」というものの探索が始まっているということである。

図式的に言えば、ものを従来のごとく二元論的に分断して把え、自己をその一方と同定し、それに対する他方を征服することで自らの立場を「普遍」化するのではなく、自他共に生かしつつその背後の生きた「普遍」を求める成熟した発想に変化しつつある事実である。これは他方で地域紛争や民族抗争が――とりわけ旧ソ連やその同盟国の地域内において――活発化しているにもかかわらず、やはり進行している状況であると思える。

このように言えば、あるいは「ヨーロッパ共同体」(EU)のことを思い浮かべる読者もおられよう。確かにこの結合体には、ヨーロッパの政治的・経済的な力がアメリカや日本と比べて総体的に沈下しているため個々の国では太刀打ちできず、ヨーロッパは一つに団結しなければならないという、実際的な外的要請があることはその通りであろう。その意味では、真の普遍主義に立っているわけではなく、すでにある限界がある。しかしながら、最終的にEUに至る動き自体は決して単にアメリカや日本の経済力に対抗する目的で発生したものではなく、ヨーロッパ統合の発想の根は遥かに深い。そもそも、国家間の政治・経済上の条約締結というこれまでの発想次元を超えて、一つのヨーロッパ国ともいうべき実体を創出しようということは、地方分権が建前のヨーロッパにおいては巨大な飛躍を前提にしなければあり得ない。そこに、たとえ政治・経済的な限定された次元においてではあれ、重要なモチーフがあると思われる。ここで見落としてはならない点は、この決断が――少なくとも原則的には――個々の国々のアイデンティティを抹殺することではなく、それを保ちながら、より高次の「ヨーロッパ」ないし「ヨーロッパ人」というアイデンティティを創造し、その中に個々の国々のアイデンティティを改めて位置づけようとする姿勢が見られることである。つまり、他の「個」を殺して己に親しい「普遍」につくのではなく、他の「個」を寛容に認めつつ、かつ自他ともに「個」を超えて真の「普遍」につき、そこからまた「個」を再定義し、再活性させるのである。EUはこうした発想の、政治・経済次元における一つの実験とも言えるであろう。

参考までに、もう一つ心理学界から例を引いておこう。[7] ここでも、この十数年来、西洋古来の発想である「個人主義」に対してある基本的な反省が加えられている。その一つの現れが、一九七〇年代に開始された「国際トランスパーソナル学会」(International Transpersonal Association)の活動である。これに日本から参加したことのある心理学者の河合隼雄氏は、次のように説明している

――

超個人という言葉は、西洋人がこれまで大切にしてきた個人ということを超えて、人間は最も根本的な基層においては共通なものを有している、という認識の上に立っている。個人というものをあまりにも他と切り離した存在として考える傾向は、その関連において、物と心とを、自国と他国とを、そしてその他多くの点において「切り離し」て考えることを助長しすぎてきた。このあたりで、今まで自明のこととして存在してきた多くの境界を越えて考えてみることをしようではないか、という立場が、トランスパーソナルの立場なのである。⑧

このような発想が西洋で成立する背景には、これまでの自我中心の意識ではどうしても限界にぶつかるという深刻な反省がある。河合氏はさらに言葉を続けて——

トランスパーソナルとは、個を超えることで、個の否定でもないし、ましてや弱い個人を賞讃しているわけでもない。トランスパーソナルの提唱者の一人、フランシス・ヴォーンは、「個以前(pre-personal)と超個人(transpersonal)とは区別すべきだ」とさえ明言している。これを単純に適用して、東洋人は超個人というよりは個以前だと決めつけるほどの気持はないが、日本人としては相当に考えねばならぬ問題であると思う。⑨

ここに、さきほどのＥＵ問題との精神的関連を感じるとしても、決して不当なことではないであろう。

こうした「時代精神」とも言うべき思考の発現の一形態が、私見ではヨーロッパにおける坐禅運動の浸透なのである。政治的あるいは宗教的イデオロギーで宣伝的に定立された「普遍」ではなく、自ら親しく体験できる真の「普遍」、そして自らの存在論的不安を根元的に解消し、その「個」的存在を新たに定義し、他の「個」とも有機的に連帯することを可能にする「普遍」――そうした世界への渇望が坐禅を行ずるヨーロッパ人の心には見て取れるように思えるのである。そして禅の道は、少なくともその期待をいまだに裏切ってはいないのである。

10　キリスト教の変貌

それでは、このように坐禅運動が根を張っていった場合、これまでのキリスト教はどのような影響を受けるのであろうか。実際のところ、ヨーロッパで禅をなす者の少なからぬ人口が、決してキリスト教を放棄したのではなく、依然としてキリスト教者として自己を理解している。ただ、もはや教会には寄りつかないだけなのだ。坐禅を通して何ほどかの体験を得たキリスト教者の多くが言うことは、これまでのキリスト教の言語が坐禅を通してより深く理解された、ということである。また祈りが一層深くなったという体験談も聞く。しかし筆者の見るところでは、禅が新しく与える視野は、これまでのキリスト教の言辞を変えさせ、根幹に触れるところまで変貌させてしまう可能性をも持っている。そこで考えられる――禅仏教ならぬ――〈禅キリスト教〉は、どのようなヴェクトルを持つものであろうか。

11　禅の体験

まず、禅体験の根幹を述べよう。そしてそこに内在する論理が展開するとき、キリスト教の内容にどのような影響が及ぶか、部分的にではあれ、見てみることにしよう。

禅の体験の核心は、古くより「空《くう》[10]」と表現されてきた現実の体験である。ドイツ語では Leere とか leer とか言っている。今この消息を、山田耕雲著『禅の正門』の中から引いてみよう。

> 一口で言うと、禅の悟りとは、人空《にんくう》、法空《ほっくう》の二空を悟ることである。人とは主観あるいは主体のこと、法とは客観ないし客体のことと思って支障はない。……人空、法空というのは、主観も客観も共に空である、ということである。……だが、思想的に「空」を明らめることは千万言を費やしても不可能であって、最終的には「空」の世界を体験する以外に方法がない。……「空」という字はカラッポという意味である。と言っても、このカラッポは、いわゆる虚無とか、頑空とかいう、全く何もないということではない。表現としては「諸行は無常にして一切空なり」とか、「本来無一物」とか言っても、それは、全くの空虚を意味するのではない。強いて言うならば、われわれの五官にかからない、われわれの五官を超越しているということである。……
>
> 心は名のみあって、その実体は不可得であり没可把《もっかは》（把握不可能）である。心は、人智を絶する不可思議、不可商量の実質であり、無限の性能功徳（これを生命という）を円満具足しながら、実体は影も形も見えない。これを空というのである。即ち見る主、聞く主の中身はカラッポで

あってつかまえることができない。この事実が、思想によってではなく、体験によってはっきりと看破された時、一切の不安も、憂苦も懊悩も、丁度悪夢から目覚めたときのように刹那に滅却して、本来の無に帰するのである。……われわれが、人法倶空の事実に直接承当して、見性悟道《けんしょう》(上記の「カラッポ」を体験すること、悟り)の一大因縁を体験するときは、ほとんど例外なしに強い歓喜の感情が湧き起こってくるものである。もちろん人によって深浅、強弱さまざまであるが、場合によっては、強烈無比の大激動を起こして、個の心身を完全に圧倒し勦絶《そうぜつ》する。……要するに、この歓喜・感激の情は、程度の差はあっても禅の悟りにはつきものといってよく、思想的理解とは全く異質のものである⑾。

最重要事項を繰り返せば、このような自他ともに「ゼロ」であるという摩訶不思議な事態とは、決して思想的に想定できるものではなく(ふつうの感覚には何という矛盾!)、明々白として否みがたい体験的事実であるということである。

12　神観の変化

それでは、以上のような様相を持つ禅体験がキリスト教と出会うとき、その折衝はどのように結晶化するであろうか。以下、いくつかのテーマに限定して、その変貌の可能性を予測してみたい。

まず、「神」に対する観念が新たにならざるを得ないであろう。自己をはじめとして一切が「空」

だということは、その次元からは自他の区別は見えず、したがって自己に対して「質的な絶対他者」としてのみ「神」を定立する神学は支持されなくなることを意味する。それだけでなく、「神」を自己から離れた実体として想定する思考自体が放棄されるであろう。禅体験からする限り、「カラッポ」はあらゆる相対を絶しており、ほかに何か別物があるのではないことはアプリオリな明白さである。そこからほとんど必然的に、「神」とは「カラッポ」の世界につけられた別名であると理解されるに至るであろう。事実、ヨーロッパの見性体験者の中には、自らの体験を言語化するのに、「私は神と出会った」等の表現をする者が少なくない。

この点からして、以前キリスト教神秘主義が標榜していた――そして異端視されていた――「神秘なる一致」(unio mystica)は改めて評価され、さらにまた深化されよう。つまり、神秘の世界で初めて神と一つになるというのではなく、本来的に「ゼロ」である事実においてそもそも不可分に「一致」しているのである。また、正統派教会から「異端」とされたグノーシス派における、至高者と自己との本質的一致という救済テーゼも、あらためて評価されうるであろう(もちろんグノーシス主義は、この世界の徹底的に否定的な評価においては、禅とは根本的に異なるが)。

しかし誤解を避けるために強調するならば、この一体性は「ゼロ」すなわち「カラッポ」という本来相において成立しているものであって、現象の世界でも実体的に「神」と一つになったということでは全くない。この種の「二元性」は見落とすことができない。この点を曲解すると、自分がいわゆる「現人神《あらひとがみ》」でもあるかのような、恐るべき妄想・傲慢に陥る。逆に、「空」の本来的事実が分かれば分かるほど、現象の世界でそれに沿って「カラッポ」になっていない日常の自分のあり方が鮮明に見え、慙愧に堪えないはずである。

なお、ここで一つ、この「空」にして「ゼロの世界」は、「人格」なのかという質問が生じるであろう。キリスト教の神は「人格神」とされているからである。まず言えることは、「カラッポ」の世界自体からするならば、どちらでもない。そもそも人格・非人格の区別が立たない世界だということである。しかしこの世界が現象の世界と不可分に展開していく時は、一切を貫過する無限の愛として、慈悲として、感得される。「空」の世界は、別の言い方をすれば、無限の慈愛のエネルギーの世界である。この方面からすれば、「愛」は優れて人格的なものであるから、「空」は「人格」としても把握されるであろう。そしてこの「愛」と一体の自己が見えても――先にも述べたごとく――その「愛」に従って完全には生きていない現象の日常の自分が、同時に逆射影的に浮かび上がるのであって、決しておめでたいだけの認識では終わり得ないのである。

とにかくも、坐禅の体験知がキリスト教内部で展開すれば、ある「絶対人格」がどこか特別なところに実体として存在しており、それが人間を支配・制御しているというような観念的発想は、放棄されざるを得ないであろう。その代わり、「神」をわれわれの最深の本来性と等しい、空なる愛のエネルギーとして見るような理解が発生するであろうと思われる。

13　キリスト論の変化

「キリスト論」とは一般に、イエスを何者と理解するか、という言辞のことである。伝統的理解によれば、イエスを「キリスト」すなわち「メシア」(救世主ほどの意)と告白するのがキリスト教である。その際のイエスは、四世紀以来、「神であり、人である」存在として理解されてきた。この点は、禅の体験知とどのように呼応するであろうか。

従来の観念からすれば、イエスをキリストと告白するとは、イエスをそのほかの人間とはまったく別次元の存在として定立することを意味する。しかし禅の本来相からすれば――「神観」の際の観察に類似して――イエスも「カラ」であり、自らも「カラ」であって、そこには何らの差異もない。また、「神であり、人である」というテーゼに関しては、そのうちの「神である」という側面を、イエスという存在の本来的「空」相の別表現と見、「人である」をイエスの現象的側面の表現とすれば、その限りにおいてイエスにのみ排他的に妥当するものではない。イエス以外のすべての人間にも当てはまることになる。禅の体験知からすれば、イエスと自己との本来の「ゼロ」性は、もとより明らかだからである。太郎君も「神にして人」、花子さんも「神にして人」であることになる。こうして、イエスをアプリオリに、質的に異なった絶対者扱いする視点は崩壊することになるであろう。

残るのは、イエスの現象面における卓越さである。その「愛」の行為と勇気の、ほとんど異次元的と思える徹底さである。彼が十字架で刑死した事実の壮絶な悲劇性も、この点から一層リアルに捉えられるであろう。この現象現実面では、イエスは確かに隔絶している。しかしそれは、他の人間との本来的・質的差ではない。ここからすれば、イエスは「同等な者たちの第一の者」(primus inter pares)となるであろう。[13] この捉え方は、仏教における釈迦牟尼仏の捉え方と基本的に同一線上に立つことになる。釈迦牟尼も、基本的には他の人間と同じ存在であるが、その例外的に卓越した覚醒と人格的完成ゆえに、「仏」と呼ばれる。もし、「キリスト」という言葉を解釈し直し、「仏」と相似の意味合いと取るならば、なにほどかイエス・キリストの「仏教化」が生じると言ってもよいかもしれない。[14]

以上要するに、坐禅の体験が志向するイエス理解は、イエスを異質な絶対者として見る見方から、「同等な者たちの第一の者」として理解する仕方へシフトするであろうということである。

14 「罪」観について

キリスト教の「罪」および「罪の赦し」の一般的教説においては、イエスは「われわれの罪のために死んだ」(Iコリント一五3)という新約聖書の言表が発端をなしている。これが時と共に、「イエス・キリストはわれわれの罪のために十字架にかかって下さった」という言表に展開していく。イエスがわれわれの罪を赦しつつ、その赦しの証として十字架についたと表象されるのである。つまり、大部分の場合において、イエスが主体的に人間の罪を赦すというイメージで表象されるに至っている。それは、イエスが神格化されているゆえに最も有効なヴィジョンであろう。しかし禅的に言えば、先述のようにイエスは「同等な者たちの第一の者」と見なされるに至るであろうから、この点ではイエスはむしろ本来的な赦しの世界を開示した、あるいは罪の消隕《しょういん》する世界を開示したと言うべきであろう。そもそもゴルゴタにおける彼の十字架刑の場は、禅的に見れば、本来の「カラッポ」の世界をいとも厳粛に露呈した場である。「空」本来の愛の姿を、現象の世界で最端的に示したものと見なされるであろう。要するに、イエスを「神」格化し、イエス自身が神的に人間の罪を「赦す」という表象は、禅の世界ではなじむものとは言えない。

そもそも、禅が見る本来の世界はゼロにしてカラッポであるから、その世界には実体としての「罪」は全くないのである。「積みし無量の罪滅ぶ」と白隠禅師が『坐禅和讃』で詠うのは、この消息である。これを此岸の目で見れば、「罪の赦し」と「愛」との世界以外の何物でもないと映るであろう。

しかしながら、これはわれわれがこの現象の世でいくら罪を重ねてもよいということにはならない。「罪」は、現象の世界の次元では決して忘れ去られることはなく、その痕跡と呪詛性は容易に去ることがない。この点で、旧約聖書で「贖う」と訳されている kâfar (kîpēr) というヘブライ語の動詞が、元来は「被《おお》う」という内容であるということも参考になろう。罪は被われる、したがってあからさまに外には出ないため、罰を受けなくともすむ。しかし、その罪は「被われた」だけであり、存在論的にもはや何の痕跡も残していないというのではない。「被われた」罪も、想起すればたちどころに目前に現れる質のものである。なるほど禅の本来「ゼロ」の世界では罪は全く見えず、確かにそこに根源的な救いが存在するのであるが、そうであればあるほど逆に、坐禅の道を行く者は現象の世界に根強く残存する自分の罪障性に甚だ敏感になり、その累積に圧倒されるものであろう。禅とは、罪を消滅させる本質界を開示し、それによって同時に、罪が依然として多大な慣性力を持つ現象世界の問題性を逆に照射せずにいないものだからである⑮。

したがって、坐禅によってある体験知を得たから、現象の世界でも全く罪から解放されてどんな悪を働いてもよい、ということには決してならないのである。そのように主張するとすれば、それこそ観念的推論のなせる妄想である。[16] 坐禅の体験知は理論ではない。ここにはむしろ、形式論理の矛盾性を超えて働く、生きた論理がある。

松影の黒きは月の光り哉

この句は、本来の世界を喩える「月」の光の明るさに気づけば気づくほど、この身の暗さに慄然とする、という。[17] またこの関連で、類い稀なイスラムのスーフィーであったバスターミー(八七四年没)の末期の言葉をも引用しておく――

極限まで行ったあとで、スーフィーが戻っていくところは、ただ一つしかない。罪の赦しを乞い求めるだけだ。[18]

15　キリスト教から禅への影響

最後に、キリスト教から禅に対して逆に及ぼしうる波及効果を一つあげておく。この点は、キリスト教が禅の影響を受けても何ら変わらないであろうし、むしろ伝統的禅に対して反対に大きな問いかけとなるであろう。それはキリスト教が有している、現象世界とのより積極的な、批判的関わりである。禅仏教は、その本来の「空」の世界の強調からして、またとりわけ(日本では)過去において権力者たちの庇護のもとに伝播し得た現実からして、目前の世界の不義を変革する視野を示すことがほとんどなかった。現状況(status quo)の問題性はいわば等閑視され、最終的にはそのまま是認されるケースがあまりにも多かった。「空」の世界は、人格化されれば「慈悲」の世界以外の何物でもないにもかかわらず、その「慈悲」が社会的関係への規模の拡大、とりわけ批判的関わりを促進する要因にはならなかったのである。この点、社会とのキリスト教側の関わりは概してより積極的・批判的・構築的である。これは最終的には、キリスト教が基としているナザレのイエスが、激しい社会的行動の中で政治的・暴力的に抹殺された存在であることに起因していよう。その意味でキリスト教は、基本的に殉教的パトスを潜めている。この面のキリスト教の影響が禅に対して実を結ぶならば、「空」の世界の本来性を一貫して説きながら、現象世界では社会的な変革活動にきわめて活発な、新しい志向の「禅」運動が誕生する可能性がある。

結論

以上、現在のヨーロッパにおいて広く伝播するに至った坐禅運動の、とりわけドイツ語圏のあり方に関して、その拡散の原因とは何か、およびこれからのキリスト教理解にどのような変貌を引き起こしうるかという観点から略述を試みた。

坐禅の体験知がキリスト教理解に及ぼしうる将来的影響の面では、従来のキリスト教内における事柄理解をはみ出す方向性を持っており、形態的には紀元四世紀前後の非主流派や中世の神秘主義(とりわけマイスター・エックハルト)のいわゆる「異端的」教説に少なからぬ類似性を見る。その意味で従来のキリスト教との軋轢は避けて通れないであろう。総体的には従来の理解がキリスト教内部では依然として根強く存続するであろうから、先述の〈禅キリスト教〉的新しい理解が現実の宗教運動・神学運動として近い将来大規模に展開されるものかどうかは容易に予測できない。しかし、ドイツ語圏のヨーロッパでいま広範囲に坐禅が浸透している現実の延長線上には、遅かれ早かれ、こうした方向性が看取されるものと思える。ことによると二一世紀は、これまでの「異端」的言説をも公平に俎上に載せて教説を新たに言語化し、かつ没落直前のこの世界に対してなお積極的に関わる、キリスト教にとっても革命的な世紀となり得るのかもしれない。

他方、日本では、一般の人々が多く参禅するというような伝統は途絶えてすでに久しい。しかし、ヨーロッパにおいて胎動しているこの坐禅運動が一層顕著になり、新たな宗教理解を確立するとき、それが日本に逆輸入され、日本の宗教文化にも思いがけない衝撃を与える可能性は決して小さくないように思える。

（1）「ヨーロッパ」とは書いたものの、筆者の主に念頭にあるのはドイツ語圏ヨーロッパである。以下の現象はヨーロッパ全域にわたって多かれ少なかれ観察されると考えているが、国や地方によって当然差がある。しかしそれが最も先鋭に現れているのはドイツ語圏ヨーロッパであろうし、また筆者がなじんでいるのも当地の現象なので、ここを主に問題とすることを了承願う。
（2）以上、ディートフルト・フランシスコ会修道院パンフレット、10 Jahre Meditationshaus St. Franziskus Dietfurt, 1987 による。
（3）宗教法人三宝教団系。
（4）筆者の印象では、正教の諸地域教会はおしなべて典礼的要素が前面に出ており、その視覚的・聴覚的、そして時によっては身体的要素が理性的言語性に勝っている。

(5) 日本基督教団の採用している訳文。

(6) もちろん、いまなおその必要性を説いて譲らない人もいる。

(7) これはヨーロッパを越えて、北米大陸にも通ずる分野であるが。

(8) 河合隼雄『宗教と科学の接点』岩波書店、一九八六年、三―四頁。

(9) 同書、三二―三三頁。

(10) サンスクリットの「シューニヤター」(śūnyatā, 何も無い状態)に由来する。

(11) 山田耕雲『禅の正門』春秋社、一九八八年、三六―三七、四四―四五、五九頁。

(12) 悟りのこと。「カラッポ」の世界を個人的に体験すること。

(13) このような捉え方は、禅を通さなければあり得ないということはない。すでに安炳茂《アンビョンム》に代表される、韓国・民衆神学にも同等の発想が見られる(「民衆はイエスである」というテーゼ参照、安炳茂『民衆神学を語る』新教出版社、一九九二年、とりわけその四一―四四頁)。

(14) 興味あることだが、現在の聖書学が示唆する歴史のイエスも、自らそのような者であろうとしたと思われる。聖書学的にも、歴史上のイエスは自らを「メシア」と揚言していないということは、ほぼ定説と言ってよい。彼は弟子たちを「宣教」に派遣するときも、自分が「メシア」であることを宣《の》べ伝えよなどとはどこにも言っていない。ここからすれば、歴史のイエスを根源におく見方と、そのイエスを「キリスト」として宣教した原始キリスト教に開始点をおく見方の双方が、すでに聖書学の世界でも存在していると言える。

(15) これは構造的に、ルター派の言う simul justus et peccatus (義人にして同時に罪人)という信仰理解に通ずる。なお禅仏教では、このいわば絶対矛盾の自己同一性を、因果関係に関わる問題として理解する。有名な『無門関』第二則「百丈野狐」は、「不落因果」と「不昧因果」を説くが、前者は因果関係に捉われることのない世界(本来の空の世界)があるということ、後者は因果の法則は永劫に廃れることはない(現象の世界の峻厳性)ということであり、この双方一体が真実であることを教えている。

(16) 浄土真宗の歴史の中に登場した「本願誇り」の状態に似る。

(17) 安谷白雲『禅の心髄・無門関』春秋社、一九六八年、一二一頁参照。

(18) 『井筒俊彦著作集9 東洋哲学』中央公論社、一九九二年、六〇三頁。

第2章　個を超えて一へ
――現代ヨーロッパのキリスト教――

まえおき

ヨーロッパにおいてキリスト教はかつてどのようなものであり(言い換えればいかなる文化史的・精神史的役割を果たし)、それが今どう変容しようとしているのか、私の経験と見聞に基づいて、共に考えてみたいと思います。

以下では、第一部として、ヨーロッパ・キリスト教がこれまでいかなる形でヨーロッパ人の精神性および感性を規定してきたか、次に第二部として、現時点でヨーロッパ・キリスト教に一体いかなる変化が生じ、それはどういう方向を目指しているか、について素描してみることにいたします。当然ながら、話はかなり大ざっぱなものになりますので、ご了承下さい。

なお、このテーマに入る前に、なぜヨーロッパはキリスト教になったのか、という問題が控えていますが、これは歴史的・文化史的大問題ですので、今回は直接には触れません。しかし一点だけ強調しておきますと、キリスト教はその誕生の時点からすでに、まもなく来る世の終わりにお前はどうするのか、という問い詰めを含んだ、非常に「個」を重んじる宗教でした。宗教といえばどれも「個」を重視すると考えるのは間違いで、たとえば日本の神道などは、「個」の意識はかなり希薄ですし、ヨーロッパの古代でも、伝統的なギリシア・ローマの宗教では、氏族や都市国家の救いはあっても、個々人の魂の問題はなきに等しいものでした。しかし紀元前四世紀末、アレクサンドロス大王の登場でいわゆるヘレニズム文化圏が成立し、その後人物・物品の交流が時を追って増大し、さらには伝統的な都市国家的な生活・政治単位が崩れていきますと、初めて「個人」というものが地縁・血縁を離れ、その運命にそれ固有の関心が向けられていくようになりました。近代ルネサンスを本格的な「自我」の目覚めとするならば（たとえば、朝永三十郎『近世における「我」の自覚史』）、紀元前後の自我の覚醒は、それ以前の、いわば第一次的「我」の目覚めです。「私は何処からきて、何処へゆくのだろう、私とは一体何だろう、私はどうしたら救われるのだろう」という問いが、一般の人々の問いとなったのです。この宗教上の需要にキリスト教は見事にドッキングしたと言えるのです。そしてこれは、ヨーロッパ人にとってまさに決定的なことでした。

1　キリスト教はヨーロッパ人の精神と感性をいかに規定したか

この問いに対して、人間学的側面と、神学的側面の両面から接近してみたいと思います。

1・1　人間学的側面

a　人間中心主義　第一に言えることは、キリスト教（およびユダヤ教）が「人間中心主義」であるということです。つまり人間は他の動物・植物・無機物の一切から質的に隔絶する存在として、被造物世界の中での至高性を獲得するのです。このことを証明する聖書の箇所が「旧約聖書」創世記一章26節以下です。「神はまた言われた、『われわれの形に型どって人を造り、これに海の魚と、空の鳥と、家畜と、地のすべての獣と、地のすべての這うものを治めさせよう』。神は自分の形に人を創造された。……神はまた言われた、『わたしは全地の表にある種を持つすべての草と、種のある実を結ぶすべての木とをあなたがたに与える。これはあなたがたの食物になるであろう』」。つまり、神の似姿として理性を与えられた(この、理性を与えられたというのはギリシア哲学による補足ですが)人間が、他の一切の自然を向こうに回してそれを統率するのです。人間と自然の二元論と言えます。この発想は、鬱蒼とした老大木にカミの顕現を見る神道や、一木一草や、さらには一個の石にすら仏性を見る仏教とは根本的に違います。西洋の歴史は、この人間中心主義の意識が歩んだ道のりです。この意識が、自然を霊的生命のない対象物と見、それを観察支配する「自然科学」を生んだのは容易に理解できることです。近世の大科学者や数学者、たとえばニュートンやデカルトが真摯なキリスト教徒であったのは周知のことです。このキリスト教的人間意識がなければ、おそらくあの西洋的理性は、単にギリシア的伝統からだけでは、発生も展開もしなかったでしょう。人間と自然の二元論に基づく自然科学は、まさに西洋キリスト教の落し子です。

同時にまたこの意識は、とりわけ中世期の教会権力およびその後の王権の支配から自らを独立させる過程において、「歴史主義」を生みました。これは「自然科学」的眼を人間の活動の分野に移植したものです。人間の歩んできた道を、客観的に、いかなるイデオロギーからも自由に観察・理解しようとするものです。したがって、観察する主体と観察される対象の歴史は、二元論的に峻別されます。言葉を換えると、「歴史批判」です。そしてこの過程で、人間精神は真理への誠実さゆえに、かつて自らを独立させてくれたキリスト教会の権威をも批判することにすらなるのです。

b　個人主義　以上述べたところでは、「人間」を一つのグループとして、それ以外の被造物と対立させてきましたが、その人間グループの中はどうか。ここでも同じく「分ける」原理が貫徹しています。すなわち「個人主義」と言われるものがそれです。ヨーロッパ人の思考の中心には、事実、これ以上分けることができないという意味の「個」(individium)としての一人ひとりの人間がいます。この個に対し得るのは、究極のところその「個」の創造者である「神」しかあり得ません。逆に、神に直接創られた、という意識が、「個」に絶対不可侵の権利と権威とを与えるのです。この個人意識はすでに、さきほど触れましたように、ヘレニズム世界の中に入っていったキリスト教の一大特徴でありました。これが近代になりますと、原理的に確立され、武装され、基本的人権の宣言となり、人格主義・人文主義となり、また自由経済主義となるのです。日本では「個人主義」というと、何かわがままと混同される傾向がありますが、これは誤解です。個人主義とは道徳上の用語ではなく、宗教的・哲学的・人間学的用語です。しかしだからこそ、ここにはヨーロッパ人とつきあい始める際、われわれが最初に困難を覚える点があるとも言えます。

因みに日本語の手紙の宛名の書き方を考えてみて下さい。まず県、それから郡とか市、そして町、番地、それから名字、そして最後に私の名前がくる。つまりより大きな単位からより小さな単位に移る。動きが求心的です。その全く逆が西洋の手紙の宛名です。つまり、まず本人の first name から始まって last name、そして次第に、通り、町、県、国という具合により大きな単位に移っていく、いわば遠心運動を描いています。その運動の開始点かつ中心点が、他人から原理的に隔絶した「個」としての私なのです。ということは、社会的にいろいろと「個」に結びついた「類」概念――家族、会社、地域等々――の少なくない日本人よりも、ヨーロッパ人の方が、基本的に孤独な精神生活を強いられているということです（本人が孤独と意識しているか否かは別として）。一つ例を挙げましょう。厚生省の研究班がまとめた報告（『朝日新聞』一九八九年八月一六日朝刊）によりますと、常に寝たままのいわゆる「寝たきり老人」の割合が、欧米では日本の三分の一から六分の一でしかないということです。これは老人に残っている運動能力を活性化させるための努力が、欧米では日本よりも優れているためだと言われております。確かにそれはそうに違いないのですが、私にはやはりもう少し深いところに原因があるように思われるのです。いくら残存する運動能力を活性化すると言っても、本人がそれに向けて必死の努力をしなければ効果はありません。つまり欧米の老人は、良し悪しの判断は別にして、老人になっても最後まで子どもの世話にならずに独立して生きていかなければならない、という意識がきわめて強いのです。言葉を換えれば責任感が最後まで強い。それは、「おのおのその業《わざ》に応じて（神から）審《さば》きを受ける」（黙示録二〇13）という意識が背後にあるからです。去る九月一日、第二次世界大戦開戦五〇周年記念の西ドイツ連邦議会において、コール首相は、「ドイツでは過去への記憶が失われることは許されない。ヒトラーは戦争を欲し、計画し、解き放った。それは明白な事実である」（『朝日新聞』一九八九年九月二日朝刊）と述べ、ドイツの戦争責任を今日でも明言しました。この責任感の強さは、同時に最後まで物事を追求する徹底さと呼応しています。ヨーロッパ人、特にドイツ人が議論好きであるというのはよく言われることです。「個」が「個」として、その個性が明確化するまで、つまり「白黒」がはっきりするまで、突き詰めるのです。「個」と「個」が、「自」「他」としてぶつかり合うのです。それはいわば、彼らの日常生活の感覚にまで入り込み、そう成りきっています。

c　死生観　次にこの「個」が、自分の中に回帰し、その限界に突き当たる際のことを考えてみます。その代表として、「死」の問題を取り上げます。キリスト教は事実、ヨーロッパ人の「死生観」を根本的に規定したのです。日本では、確かに死は恐ろしいものではありますが、ヨーロッパほどには生と死が隔絶していないはずです。われわれは「死んであの世にいく」と言います。しかし、そもそも「あの世」に当たる言葉が現代ヨーロッパ語にはないと言っていい。われわれにとってはいまだに、お盆とは死んだ家族が家に戻ってくる時です。あるいは死んだ母が見守っているとか、死んだ父の霊前に報告する、などと言います。これは全くと言っていいほどヨーロッパにはない発想です。私のよく知っている、一度日本に滞在したことのある、あるスイスの神学者は、自分の東洋体験の中で最も強烈で不可解なこととして、いかに東洋人は穏やかに、見たところほとんど苦悶を感じずに、死に就けるかであった、と言っていました。いまだにヨーロッパでは、「ハラキリ」という日本語がその日本語のままで使われています。それは日本の侍がかつて自害した仕方、という意味においてだけ使われるのではありません。その中にある、死をすら儀礼化し、時によっては美化し、自ら悠然とそれに臨むという日本人の自己殺害のあり方に、ヨーロッパ人は自分たちとはあまりに異質な死の捉え方を見ているのです。ヨーロッパにおいては、死は端的な終わりです。こちらの世界からあちらの世界に、日本におけるような繋がりがないのです。「生死一如」というような言葉は、ヨーロッパ人の伝統的な語彙の中にはありません。死は、今述べた「個」としての人間の単純にして明白な終末なのです。それであっても人間が再び希望を持てるのは、聖書に言うように、神が世の終わりにおいてその人間を死から「復活」させてくれる、再び無から呼び出してくれる時のみです。聖書では、死とは人間にとっての「最後の敵」（Ⅰコリント一五26）にほかなりません。ですから世の終末において、「主がとこしえに死を滅ぼし、主なる神がすべての顔から涙を拭って下さる」（イザヤ二五8）というのが最後の望みなのです。世の終わりには、「死が火の池の中で滅ぼされる」（黙示録二〇14）、「新しい世においてはもはや死は存在しない」（同二一4）というのが究極の救いなのです。ということは逆に、この「希望」が持てなくなったとき、ヨーロッパ人がどのように陰惨なニヒリズムに陥るか、いくぶん想像がつくと思います。

１・２　神学的側面

以上で、キリスト教がいかにヨーロッパ人の精神を規定したか、という問いへの人間学的スケッチを終えて、次にこれを神学的に見てみます。ここにもたくさんの問題があるのですが、今は決定的な一点にだけ絞ります。さきほど私は、神、人間、自然という三階層の捉え方に言及しました。ここにもうすでに現れているのですが、ヨーロッパ人にとって「神」とは、これまた人間と質的に絶縁されている超越存在なのです。人間から神への橋渡しは一切ありません。したがって、先に述べたテーマがまず自然と人間との二元論、次が自分と他人との二元論、そして生と死の二元論であったとしますと、それにこの神と人間との二元論が最後に加わるのです。西洋では、確かに聖人崇拝はあるのですが、日本のように偉いと見なされた人間が死後に「カミ」として祀られるということは、キリスト教に征服されてからはもはやなくなってしまったのです。人間が同時に神であって人間である、ということはヨーロッパでは不可能な矛盾態なのです。ただ唯一の例外がイエス・キリストです。しかし、このことがいかに西洋神学の中で永遠の議論と対立の根源となったか、かつイエスにおいても、西洋では全体としてやはりその「神性」が勝っていることを思えば、「神人同一」という思想が、いかに西洋人にとって非現実的な可能性でしかないか分かります。もちろんキリスト教の中にも、いわゆる神秘思想家と言われる人々が中世にはおりました。しかし彼らは、まさに神と人との一体性――これを「神秘的合一」(unio mystica)と呼んでいました――を説いたために、中央の教会権威から異端として迫害されてきたのです。因みに、この神と人との隔絶は、とりわけプロテスタント教会によって強調され、その主なる神学的メルクマールにすらなっていることを付け加えておきたいと思います。

2　現在のヨーロッパ・キリスト教はいかなる方向を模索しているか

2・1　危機感

以上のように伝統的キリスト教の影響を受けたヨーロッパ人は、今どのような事態に面しているでしょうか。明らかに一つの大きな危機感が、教会の内外を覆っています。

a　環境破壊　今まで人間は被造物の長であり、他の動植物を自らの利害に基づき、どのようにでもできる存在でした。その果ては、日本でもおなじみの公害、つまり環境破壊の問題です。一例を挙げれば、今ドイツでは特に、トレードマークとでも言うべき森が、酸性雨のために見た目にも明らかに死滅しつつあります。一九八二年には七・七パーセントしかなかった森林の被害は、四年後の一九八六年にはあっという間に五三・七パーセントまで上昇しました。南西ドイツの有名な「黒い森」で、何等の被害も蒙っていないのは二五パーセントにしか過ぎないと言われています（『朝日新聞』一九八九年六月二一日朝刊）。原因は空気中の二酸化硫黄と窒素酸化物。果たしてこれからの対策で、この状況が救えるか、保証はありません。とにかく今、これまでのいわば楽観的なキリスト教的自然観が、ある決定的な限界に突き当たっているのは明白なようです。

b　人間意識の相対化

ヨーロッパ・キリスト教的人間観の限界はしかし、一九世紀の後半からすでに徐々に現れてきたことです。伝統的にキリスト教的ヨーロッパ思想は、人間意識の明晰性と至高性にその基礎を置いていました。これがフロイトをはじめとする心理学者たちの無意識領域の発見によって、人間意識が実は無意識の決定的な支配を受けていたことが明らかになりました。またマルクスの登場は、歴史主義の行き着いた先として、やはり人間の存在が、その意識だけでは捉えることも制御することもできない、生産力という必然の力に支配されていることを明らかにしました。また、アインシュタインのような専門家を呼び出さずとも、驚異的な交通・通信手段の発達は、この時間と空間とに対するわれわれの感覚が、決して絶対ではないことを一般人にも思い知らせてくれました。われわれの目に見える世界、われわれが容易にコントロールできる世界はほんの一部でしかなかったのです。

そして政治的な意味で決定的だったのは、例の二つの世界大戦による荒廃でした。これによってヨーロッパ・キリスト教的人間意識は、自らの発展の行き着いた先が、毒ガスと原爆の世界であり、そしてキリスト教自身は、それを阻止するのにほとんど無力であったことを絶望的に学んだのです。

c　キリスト教の衰退　それでも、とりわけドイツでは、戦後物質的生存が危うかった荒廃期には、日本と同じく、とにかく文句を言わずに働かざるを得ませんでした。しかし、いったん復興が完了し、科学の世界が一層ラディカルに前進し出すと、以前に芽を吹いていたキリスト教意識の危機が改めて露わになったのです。今、ドイツやスイスの教会が悩んでいる直接の問題の一つは、教会にくる人数がおのおのの教区で極端に少ないことです。特に若い人の参加が少ない。要するに、これまでの信仰観念ではもはや人を納得させ得ないところにきているのです。また社会が高齢化していくにつれ、「死」の問題が一層生々しく浮上してきました。そして、「世の終わり」における「復活」など信じられなくなっているのです。静かなニヒリズムの蔓延です。

とは言え、無神論をはっきりと標榜する者は稀です。事実、大部分のヨーロッパ人は、深くキリスト教の土壌の中に無意識的にもいるのです。しかし、積極的に神を信ずることができなくなってしまった。神は人と二元対立しているどころか、さらにどこか遠くへ遠くへ行ってしまった感じです。植物で言えば、まだ根は枯死していないものの、葉は枯れ落ち、幹が腐蝕しているといったイメージです。

d　終末意識　しばらくヨーロッパに留まってみれば肌で感じることですが、今のヨーロッパにはどこか「終末感」とでも言うべきものがあります。もちろん終末意識というのも大部分キリスト教の遺産なのですが、ただ正統なキリスト教の場合は、これは神の到来が近いという意味で、救いの近さを約束する意識ですから、ある喜びの興奮と相即するものです。しかし、現在のヨーロッパの終末論は、世俗化した次元の、つまり神の救いが見えない次元の文化史的終末論です。「このままでは生きていけない」というのが、非常に多くの人の感覚です。この点、日本の雰囲気とまるで違います。日本にはこのような終末論的ペシミズムは今のところ見られません。新聞の意識調査を見ても、このままで満足している、と言う人が優に過半数を越えています。そして今なお、日本人は恐ろしいスピードで動き、働き、物を造っています。これに対し、キリスト教的ヨーロッパが身を置いている地点は、どこか根本的に違うような気がします。

もっとも、ヨーロッパのキリスト教はこうした事態をただ嘆いて静観しているわけではありません。確かに新しい動きが始まっています。それが成功するか否かはまだ分かりません。しかし少なくとも、今までのような伝統的キリスト教意識が大きく変貌を遂げようとしていることは疑いを入れないようです。

2・2　模索の道――分断から統一へ

そこでなされているさまざまな模索の道は、おのおの独自になされているにもかかわらず、ある一つの大きな特徴を持っているように思われます。それはこれまでのように、ものを二元論的に分断していく発想を超えて、ある「一」なるものへ、つまり統合を求める発想に変化している事実です。

a　「エコロジーの神学」　ここでは目をキリスト教内部に移して、そうした方向への傾斜を探ってみましょう。さきほど、環境破壊が伝統的なキリスト教的自然観によって促進されてきた点を指摘しましたが、このことへの反省も最近のキリスト教神学では積極的になされていることをまず報告したいと思います。人間は自然の一部であり、人間も動植物も一体となった生態学的体系を維持することに専念しなければ、人間に未来がないことをヨーロッパ・キリスト教も悟ってきたのです。つい一カ月前には、「エコロジーの神学」なるものを唱えるある高名なドイツの神学者が日本で講演しました。自然に自らの心の反映を見てきた日本人の心性には当たり前の自然把握かもしれませんが、この転換がヨーロッパ人の思考に及ぼした大きさは想像以上と言うべきでしょう。ここには、人間と自然とを対立させて捉える従来のやり方から、人間と自然とを総合視する見方への大きな転換があります。もちろん人間であることを否定しているのではなく、むしろ人間を内包する、人間を超える自然体系を承認し、その中でもう一度人間の責任を再規定するのです。やはりここでも、「個」を越えて「一」へという流れが、別の形で動いているのが見えます。

b　「タナトロギー」　最近の欧米の辞書には Thanatologie/thanatology なる言葉が存在します。よく「死生学」と訳されますが、直訳すれば「死学」となります。死の諸問題を真正面から見据え、研究しようというものです。先にも触れたあの「最後の敵」としての死を、これまでのように生に対する異質物として抑圧するのではなく、また世の終わりの最後の審判における復活という神話的信仰にしがみついて忘れるのでもなく、実に生の一部として真正面から受け入れようという態度が広がってきたのです。そしてこの動きの中心にいるのは、いわゆる terminal care の医者を除けば、教区の人々の魂の世話にあたる牧師であり、神父なのです。つまり、キリスト教自身の中で、死と生の厳格な二元論的分裂を超えた、生と本来一体である死の把握に向けて、新しい取り組みがなされてきていると思えるのです。

c　エキュメニカル運動と諸宗教との対話　キリスト教内では、ここ三、四十年ほど、時が経つにつれて一層活発になっていく「エキュメニカル」運動が注目を浴びています。「エキュメニカル」運動とは、キリスト教の各教派が、お互いの差を乗り越えて連帯し合い、共同の信仰活動、社会活動をすることです。これは第一次世界大戦以前にも、主にプロテスタントの各派の協議という形で濫觴《らんしょう》はあったのですが、明確なスタートは一九四八年の「世界教会協議会」(WCC)の発足にあります。その後、一九六一年のロシア正教教会の正式参加で大きく次元を飛躍させます。ただ問題はカトリック教会のあり方でした。一九六〇年代以前は、カトリックとプロテスタントの対話は、事実上不可能でした。プロテスタント教会はカトリック教会から見れば異端分派でしかなく、神の救いの外にいたわけですし、逆にプロテスタント教会はカトリック側を、真の福音から堕落した、疑似教会の支配組織と見なしていたのです。この犬猿の仲を改めるために初めてラディカルに一歩を踏み出したのは、一九六二―六五年におけるカトリック教会の第二回ヴァチカン公会議でした。ここで初めて、カトリック教会は公にプロテスタント教会を自らの「兄弟」として認めたのです。すなわち、狭い意味のカトリック教会以外にもキリストの救いがあることを公認したのです。これは教会史上の革命的発言でした。しかし、これに留まらず、この公会議の席上、キリスト教以外の諸宗教にも「神の栄光」が現れることが認められ、カトリック教徒は熱心に他宗教の霊性を学び、自らの信仰生活を益するよう、鼓舞されたのです（「宣教活動教令」第一八項）。私自身はプロテスタントに連なる者ですが、このステップの持つ歴史的な意義は大いに強調したいと思います。冒頭に挙げましたドイツにおけるキリスト教徒の坐禅修行ということも、この公会議の後初めて、「違法」ではなくなったのです。みなさんも最近一度ならず、「諸宗教との対話」というスローガンを耳にされたことがあるかと思います。これからもこの流れは、強くこそなれ、弱体化することはないだろうと思います。

他方、プロテスタント教会では、東洋宗教との内容的接触は全体としてカトリックに大きく遅れをとっておりますが、しかしユダヤ教との対話はとりわけ熱心に促進されていることを挙げておく必要があります。周知のことですが、ユダヤ教とキリスト教は、西洋の歴史を通じ激しい確執を経験してきました。お互いが同じ根から出ているのですから、一種の近親憎悪であったわけです。その際、ユダヤ教は多くの場合マイノリティとして虐待の対象となり、その挙げ句の果てがナチスのあのユダヤ人殲滅計画でした。現代のキリスト教とユダヤ教の対話は、とりわけキリスト教側のこの歴史上の誤りへの反省に根ざしているとともに、キリスト教側の自らのルーツへの関心、および中東の政治情勢が現実のヨーロッパに対して持っている生々しい意義などが挙げられます。と同時に、やはりここにも、時代の感性が動いているとしか感じられないのです。私の親しい友人に、ドイツ人の牧師でありながら、ユダヤ教の妻を娶っている人がいます。二人は特に男性側の職業上、そもそも結婚すべきか否か、大変迷ったようですが、友人たちの励ましもあってあえて結婚しました。しかし、彼が新しく赴任した先の教会ではとりわけ激しい反対も敵意もなく、二人は今ではすっかり落ち着いております。特に夫の方は、キリスト教とユダヤ教の対話を促進する運動に大変な情熱を傾け、始終会議やイスラエルへの旅を繰り返しています。このようなことは、おそらく二〇年ほど前までは、あり得なかった事態でしょう。

こうしたエキュメニカル運動やキリスト教と諸宗教との対話を考える際に大事なことは、決して彼らはキリスト教および自分たちの属しているキリスト教の派に絶望し、そこから離れていこうとしているわけではないということです。彼らは自らの立場を保ちながら、それを越えてより大きな普遍性に立とうとしているのです。もちろんその際、時と共に自らの立場が大きな修正を余儀なくされるかもしれないことは元より覚悟の上です。ある神学者の言葉によれば post-Christian と言われるこれからの時代においては、キリスト教徒は自分を見つめながら自分を超えるという、いわば緊張に満ちた複眼が必要とされるのです。

d　キリスト教者の坐禅　さてここで私たちは、ヨーロッパ人の坐禅運動に触れてみましょう。この運動は一体、今までとの関連で、どういう意味を持っているのでしょう。

そもそも坐禅が入っている西洋の国は、ドイツ語圏のヨーロッパだけではありません。アメリカには有名な鈴木大拙師がすでに一九世紀の末に渡っています。ただ、アメリカは実にさまざまな主義信条が入り乱れているところであり、坐禅はとりわけキリスト教を離れた人々により、多くの質を異にする自己理解の基に行なわれているものです。したがって禅をしているということは、一般の耳には何か胡散臭いものに身を委ねているという印象をいまだにどこか残しています。ドイツ語圏ヨーロッパの場合は、禅を行じている人々の過半数はキリスト教徒です。もちろんこれは、もう六〇年も日本に滞在し、四〇年も坐禅を続け、いま卒寿の高齢でありながらなお日本とヨーロッパの間を行き来して指導している愛宮真備《えのみやまきび》神父、ドイツ語の本名は Hugo Lassalle というイエズス会の神父の、二〇年近くにおよぶ画期的な活動を抜きにしては考えられません。しかし大事なことは、彼の活動を受け入れる素地が、ドイツのキリスト教の全体状況にはあったということです。とにかくも、禅は胡散臭いもの、という印象はドイツには大変少ない。もちろんまだ、禅に敵対的な人々は多く、特にプロテスタント系の人々に多いのですが、大部分の人は、たとえ一度も坐ったことのない人でも、禅というものの中に何か自分には把握できないが、どこか魅力的・神秘的な東洋的牽引力とでも言うべきものがあることを感じています。禅に関する書物は、少し大きな書店なら必ずと言っていいほどその専用コーナーがあるでしょうし、専門店も珍しくありません。

しかし今、問題は坐禅の修行をしているキリスト教徒の自己理解とその歴史的な意義です。坐禅を真面目にやっているドイツのキリスト教徒に、なぜやっているのかと尋ねれば、仏教を知りたいからとか、日本を知りたいから、あるいは健康によいから、などと答える人は非常に少ないと思います。彼らは明らかに、ある「体験」を欲しているのです。これまでの神学が、いかに知的に「理解する」次元のことであり、つまり「神・学」であり、したがってその前提となるさまざまの知的概念がもはや何の実感も伴わなくなる時、いかに信仰自身が危機に瀕するか、これまで述べたことからも予測してもらえるのではないでしょうか。それが第二次世界大戦後、徐々に明らかになってきた信仰生活、教会生活の破綻です。しかし、「人はパンのみにて生きるにあらず」であって、たとえ既成宗教の体系はもはや真面目に受け取れなくとも、自分の命の根源を求める動きはそう簡単に枯渇するものではありません。キリスト教は真面目には信じられないが、しかし何かを求める心は止まない。自分が何を求めているのか分からずに、それでも何かを必死に求めている。こういう人が、いかにヨーロッパには多いことか。そしてその際、彼らはそれが何かを信じ込むことによっては解決せず、自分自らが肉体と存在とをもって体験することで初めて埒があく、ということをどこか直覚しているのです。こういう人がヨーロッパでは一番坐禅にきます。そして多くの人が、坐禅体験を通して初めて、神信仰が再び可能になったと証言しているのです。

ここに、一つの理解事項があります。そもそも坐禅は、仏教の禅宗において実践されてきたものです。したがって、禅をするには仏教に改心しなくてはならないのではないか。こういう問いが出てくるのは自然です。確かに、仏教に初めから妥協のない嫌悪感を持っている場合は、禅をやろうという気にはならないでしょう。しかし、とりわけ先に名を挙げましたラサール神父およびその系統の師匠が説いていることは、禅とは一つの霊的な方法である、すなわち「道」であるということで、仏教という宗教観念体系とは本質的に同一ではない、ということです。したがって、キリスト教徒がこの道を歩いても、何の支障もないということになります。この理解が一つの大きな道しるべになっていることは、間違いありません。

そもそも坐禅をすることは、坐禅以外の時間では意識が外に向けられ、自己と他とを区別する二元論的世界に生きるのに対して、意識を一元論的に自己の中に集中することです。つまりそれは、仏教教理について黙想することではありません。何かに「ついて」内省的に思索するのではなく、そもそも思索する対象を持たない、非対象的な内部集中です。それが極限までいくと、言葉や民族性や個人史を超えた、いわば人間としての共通の絶対的意識層に突き当たる。そうすると、これまで知性や習性の牢獄にいた精神が新しく開くのです。いや、突き当たる以前から、新しい息吹が始まります。こうして再生する信仰は、これまでの神学において、神をどこか遠い上の方に存在し、下にいる人間を支配するものとして表象し、それをただ受け入れていた信仰とはきわめて異なったものとなります。つまり自分を離れた、自分とは全く隔絶しただけのものとして神を捉えるのではなく、自分の一番深いルーツにおいて、自分と一体になった神との出会いなのです。神と人との絶対二元論を超えた、新しい神把握が追求され、体験されているとも言えるでしょう。ここで再び、再三繰り返してきた、分断された「個別性」を超えて新しい「一体性」を求める、現代ヨーロッパ人の全体的動向が感じられるでしょう。それが今、とりわけ坐禅をするキリスト教徒の中において、神学的にも実現しつつあるということになるのです。

これまでキリスト教のさまざまな二元論的観念が、いかにヨーロッパ人の思考を規定してきたかを思えば、これはまさに根源的なところでの自己反省であり、これまでになかった次元への飛躍の試みです。つまり、この静かな運動の中には、本質的にある大きな宗教革命の萌芽があるのです。単純に言っても、キリスト教が、単に他の宗教に興味を持つというのではなく、他の宗教の――厳密には他の宗教で維持されてきた――霊性修行の道を、自らの霊性修練として真っ向から受け止めることは、歴史上初めてのことです。単に他の宗教に宗教学的に興味を覚えるというのなら今までもありましたし、その際は大部分、いかにキリスト教が優れているかを証明するという、隠されたモチーフが存在していました。しかし、禅をやっているキリスト教徒の中で進行しているような、他宗教の中核的な体験部分の摂取作業は、キリスト教の歴史上他に例を見ないのです。

しかしこのことは、キリスト教としての歴史的自己同一性が喪失されることを意味しない点が注目されるべきです。彼らは禅の体験が、かつてヨーロッパにも根強く存在したキリスト教神秘主義の体験報告に酷似していることに気がついたのです。したがって、禅の道が自らのルーツの発見という側面を持っていることを、多くのキリスト教的禅の修行者は知っております。一般的にも、一時代前までは敬遠され、危険視さえされていたキリスト教神秘主義の書籍が、今急速に読まれています。スイスでは数年前、ミグロという国内最大のスーパーが、その書籍出版部で神秘思想家の全集を出していました。つまり、最も需要のある読み物の一つに数えられたのです。ここには明らかに、今のヨーロッパの宗教意識の渇望しているものが暗示されています。そして、それを自らの身に引き受けて追体験しようとしている人々の中に、坐禅を修行しているキリスト教者がいることは疑いありません。

彼らのとにかくも真剣な禅との取り組みを見るとき、私には奇妙な空想さえ浮かびます。今の日本で、禅が相対的に下火になり、人によっては死に絶えつつあると評される時、ひょっとすると将来、ちょうど今学問や芸術を学びに多くの日本人がヨーロッパに行くのと同様、禅を学びにヨーロッパに行く人が出てくるのではないかと。

終わりに

ヨーロッパ人の宗教意識が、そして同時に世界と人間とに対する彼らの意識が、今急速に、新しい普遍意識に向けて変貌していることは間違いありません。そしてそれは、今までにないほど、東洋への、そしてその限りで日本の伝統的世界への意識的接近を意味しています。しかしわれわれは、これによってわれわれの精神の優位性が証明されたとか、来るべき世紀は東洋的・日本的精神の時代だ、などと思いこんではならないでしょう。ヨーロッパ人は決して日本人になろうとしているわけではありません。むしろ西洋人でも、東洋人でもない、あるいは西洋人でもあり、東洋人でもある、より高次の、第三の宗教文化が要請されているのではないかと思うのです。彼らは、今までに一度もなかったような解放性と謙虚さでこの問題に取り組んでいます。われわれ日本人はそれに対して何と応答すべきか、パートナーとしてのわれわれの責任は決して小さくないと思うのです。

第3章　伝統の継承と革新
――キリスト教のゆくえ――

まえおき

宗教において「伝統の継承と革新」について語ることは、やさしそうでありながら実は困難な課題である。やさしそうだというのは、どの宗教もそれまでの「伝統」の上に、それを何らかの意味で「革新」して成立することは当然だからである。キリスト教はユダヤ教の伝統の中からその変革運動として登場したし、仏教はそれまでのバラモン・ヒンズー教の教えに対する革新として現れた。イスラム教も、ユダヤ教やキリスト教の土壌の上に新たに登場した宗教である。また、どの宗教も、いったん成立した後、自らの中にある伝統を忠実に継承し、発展させようとしないものはない。

しかし「伝統の継承と革新」とは、当たり前の事情であるがゆえに、逆に困難な問いとなる。そもそも、伝統の継承ないし展開・革新の意味合いがおのおの異なり、それを精確に観察するとなれば、それぞれの宗教の歴史を丹念に追うことになる。それはすでに、おのおのの宗教の歴史叙述の問題であり、一つひとつが独自の専門領域と化している。

にもかかわらず、ここで改めて「伝統の継承と革新」について考えてみるということは、過去の歴史の中でどのように「伝統」が「継承」され、「革新」されたかという歴史の問題もさりながら、それを踏まえつつ、これからの時代にどのように伝統が継承され、革新され得るのかという、いわば将来学的な展望に課題を感ずるためである。これはある意味では、歴史叙述より遥かに困難である。歴史叙述なら、不確かなところは断定せずにすむものを、将来の予測に至っては、そもそも不確かなところにあえて見取り図を描かねばならないからである。

そこで予めお断りしておきたい。私は決して宗教一般について広く論じる能力も準備もない。したがって、以下の叙述では、私に最も近いキリスト教の事情が中心とならざるを得ない。さらには、私はキリスト教の中でも、主として聖書学という独特の学的領域に関わってきた者である。したがって、キリスト教を中心に扱うといっても、すでにその中で偏った視界が提供されることになるであろう。しかしその過程で、自分に予感できる方向性を臆せずに描き、その関連で断片的に他の宗教との関係にも言及し、それによってさらなる討論を惹起できれば足れりとしたい。

以下、具体的には、まず聖書学を中心にキリスト教の神学における「伝統の継承と革新」とその将来について述べ、次にキリスト教の実践――霊的実践と社会的実践――に関して同様に「伝統の継承と革新」の角度から扱い、その後、キリスト教全体の将来に関して推測を述べてみたい。

1　キリスト教的神学の次元――古代の信条と聖書学

1・1　二つの「信条」の支配

歴史的に見て、キリスト教の根元には特定の文書が横たわっている。その一つが「聖書」であることは自明である。もう一つは、古代の信仰告白(credo)、とりわけニカイア信条とカルケドン信条である。これら二つの信条は、宗派を問わずその規範性が公に承認されているか、あるいは人々の意識の背後でその規定力を保持しているものである。

一般に「ニカイア信条」、正しくは「ニカイア・コンスタンティノポリス信条」(Symbolum Nicaeno-constantinopolitanum)と呼ばれる信条は四世紀後半に成立し(一説によれば三八一年のコンスタンティノポリス教会会議で宣言され)、四五一年のカルケドン教会会議で公認されたものである。内容的には、父なる神と子なる神キリストの「同一本体《ホモウシオス》」性のみならず、「聖霊」の神性も等しく強調し、いわゆる「三位一体」説を明言化している。さらに「カルケドン信条」(Symbolum Chalcedonense)は、その名の通り四五一年のカルケドン教会会議で採択されたものである。このきわめて重要な信条は、ニカイア信条を踏まえつつ、次のように言う――

> 我らの主イエス・キリストは唯一かつ同一の御子である。この同じ方が神性において完全な方であり、この同じ方が人間性において完全な方である。この同じ方が真に神であり、真に人間である……。二つの本性において混合されることなく、変化することなく、分割されることなく、分離されることなく知られる方である。[1]

つまり、イエス・キリストは「神性」と「人間性」の両性を「真に」具有すると規定されており、それ以降のキリスト論的基本命題を確立したものと言える。

これらの信条は、キリスト教総体の基に横たわっているのみならず、実はいわゆる聖書学の興隆と展開にも背後から深く関わっていたものである。聖書学は一八世紀の後半に芽生え、一九世紀になってから精力的に展開され始めて現在に至った学問領域であるが、今そのうちでも最重要の領域である「イエス研究」に視点を集中したい。それが上記の信条と密接に関連したとは、どういうことであろうか。

1・2　ライマルスの衝撃

近代聖書学(この際とりわけ新約聖書学)の決定的な第一歩を踏み出したのは、ハンブルクの古代語教授H・S・ライマルス(Reimarus)(一六九四—一七六八年)であった。彼は、生前、『神の理性的崇拝者のための弁明ないしは弁護書』を著したが、これは著者の没後、G・E・レッシンク(Lessing)によって、一七七四—七八年、匿名の断片(『ヴォルフェンビュッテル断片』)の形で出版された。その中でも、第七章の「イエスとその弟子たちとの目的について」がイエス論である。

これが近代聖書学の嚆矢であり、イエス研究の濫觴である理由は、その中で標榜されている基本的な発想と方法論による。すなわちライマルスは史上初めて、歴史的存在としてのナザレのイエスと、信仰の対象である信仰のキリストとを峻別したのである——

私は以下のことをなさしめる大いなる原因を認めざるを得ない、すなわち、使徒たちが自らの文書において提示するものを、イエスがその生において現実に自ら語り、教えたことから全面的に区別することである。②

この発想法の革命性は、これがそれまでキリスト教信仰を規定してきた、前述のニカイア信条、およびとりわけカルケドン信条のイエス・キリスト規定を原理的に放棄する点に認められる。つまり、イエス・キリストが神と「同一本体」であるというニカイア信条の内容に、いわば初めて楔が打ち込まれたのである。さらにカルケドン信条によれば、神性と人間性の二律背反的・神秘的な統合規定を具現していたイエス・キリストが、その統合性を初めて「分割され、分離され」、現実に存在した人間としての「ナザレのイエス」(ライマルスによれば、終末論的期待に支配された一種の社会革命家)と、天にあって神として君臨する「キリスト」とに峻別されることになったのである。

このことは、当時のキリスト教信仰には空恐ろしいものであった。したがって、ライマルス自身、この説を生前には公表せず、また、かのレッシンクもそれを後代出版はしたものの、ライマルスの名を明かすことはしなかった。さらにこの説は――公表された当時はセンセーションを引き起こしたものの――その後六〇年近くもなおざりにされてきたのである。

１・３　シュトラウスのすえた聖書学の基礎

ライマルス以後の決定的段階は、数十年後Ｄ・Ｆ・シュトラウス(Strauss)(一八〇八―七四年)の『イエスの生涯』(一八三五―三六年)と共にやってきた。この本の中でシュトラウスは初めて、福音書全体にライマルス的批判的吟味を徹底させたのである。さまざまな記事の相互矛盾が徹底的に暴かれ、その歴史的信憑性が批判され、またそうした事態に至った所以が合理的に解明された。ヨハネ福音書の歴史的価値は一貫して否定された。文字通り、衝撃の書の登場であった。

しかし、シュトラウスは決して信仰の対象としてのキリストを解消しようとしたのではない。前述のカルケドン信条の次元で言えば、シュトラウスにとっては「真に人間」である「イエス」よりも、「真に神」である信仰の対象としての「キリスト」が最後の関心の的なのである。だからこそ、「真に人間」であるイエスの伝承を、批判の目をもって分解できたのである。もっとも一般的な読者は、そのようなシュトラウスの深層は知るよしもなく、聖なるイエスを抹殺する者として彼を激しく非難した。

しかしいずれにせよ、これ以降、伝統的・無批判的なイエス・キリスト像に素朴に依拠し続けることは不可能になってしまった。ライマルス‐シュトラウス以後の聖書学は、この明白に切断されたイエスとキリストとの間をいかに理解し、調整するかの課題と取り組むことになる。しかしそれは、近代歴史学的・文献学的方法によって伝統的キリスト教の神学的命題を自ら徐々に侵蝕していきながら、他方同時にそれを神学的に埋め合わせようと試みるような、一種の自己矛盾的営為となっていくのである。

1・4　「自由主義神学」とその後――カルケドン信条の思想的修繕

シュトラウスの後は、いわゆる「自由主義神学」が登場し、「二資料説」を確立する。つまり、マルコ福音書が最古の福音書であり、またマタイとルカに共通して使用された幻の語録資料集（後年「Q」の文字で表される)がマルコと並ぶ最古の資料であるとする説である。自由主義神学的イエス研究者たちは、マルコを骨組みとして、Q文書の言葉を借り、それに自分のイエスの心理学的イメージを自由に適用しつつ、精神的・倫理的に「理想的」なイエス伝を著し続けた。これは、再びカルケドン信条の角度から見ると、「真に神」としての教会的伝統的キリストはもはや時代精神からしても信じ得ないが、その代償として、「真に人間」であるナザレのイエスをできるだけ現代にも通じる英雄的理想人間として描き、それによって「真に神」としての欠落面を秘かに補塡しようとする衝動であった。

こうした自由主義神学的イエス伝構想は、しかし間もなく瓦解する。それは一方では、とりわけA・シュヴァイツァー(Schweitzer)(一八七五―一九六五年)の著作による。彼は一九〇六年に『ライマルスからヴレーデまで――イエス伝研究史』を刊行し、一九一三年に増補改訂を行なって標題を『イエス伝研究史』としたが、この中で彼は、それまでのイエス伝研究のすべてを網羅的に批評し、自由主義神学者たちのイエス伝がいかに恣意的・空想的・理想主義的性格でしかなかったかを徹底的に暴き、それらに引導を渡した。加えて、これまでの自由主義神学のイエス像を崩壊させたのが、欧州とりわけドイツを破壊し尽くした第一次世界大戦(一九一四―一八年)である。それまでのイエス伝研究が、大部分ドイツの学者たちの担ってきたものであることを考えれば、事の重大さがすぐ分かる。この壊滅的敗戦の現実を前にして、もはやリベラルな理想主義的イエス像は何の役にも立たなかった。

この後、大戦の惨禍の中から一連の研究が登場する。「様式史学派」(formgeschichtliche Schule)と呼ばれる人々であり、最大の旗手はR・ブルトマン(Bultmann)(一八八四―一九七六年)である。とりわけ、一九二一年に発表された『共観福音書伝承史』が及ぼした影響は圧倒的であった。この中でブルトマンは、共観福音書全体の伝承を網羅的に分析し、類型に分類し、それぞれさらに詳しい下部分割を設けた。そして、こうした類型のそれぞれが発展的に変貌していくさまが追求された。しかしこれによって生じた結果は、イエス伝承のきわめて多くの部分が後代の教会の作と見なされるに至ったことである。イエスにまで遡る伝承は僅少であるという結論になってしまった。イエスの伝記を書くことが不可能であるのみならず、イエスの断片的映像すら鮮明度を極端に落としてしまったのである。こうしてナザレのイエスは、ブルトマンにとっては固有の内容を喪失し、単なる形式的事実にまで還元させられた。再度カルケドン信条の比喩で語れば、ブルトマンは、「イエス・キリスト」の中の「真に人間」である側面をそぎ落とすだけそぎ落として、ほとんど実体のない点的存在に還元し、他方「真に神」という超越的・宣教的側面への実存的決断に信仰の要を見たのである。

歴史のイエスに対するブルトマンのこうした極端な懐疑主義は、彼の弟子筋からの批判を招いた。E・ケーゼマン(Käsemann)やG・ボルンカム(Bornkamm)をはじめとする研究者らの試みは、全体として見れば、ブルトマンによってあまりに過小評価された「歴史のイエス」の意義を何らかの方法で回復し、「宣教のキリスト」との関連を新たに定義づけようとするものであった。すなわち、「真に人間」の側面の回復であり、それと「真に神」の側面との新たな「不可分性」を何とかして構築しようとする努力だったのである。

1・5　現代のイエス論とその先

ブルトマンの弟子たちの思索に主導された段階が過ぎ去っていった一九八〇年代から、しばしば「第三の探求」(the third quest)と呼ばれる現代に移行する。この研究運動の主たる担い手は、もはやドイツの学者ではなく、北アメリカの研究者である。イエス研究の磁場が大西洋を渡りきったのである。

この段階のイエス研究の特徴の一つは、いわゆる神学的関心に導かれていないか、あるいはきわめて低い程度にしか神学的色彩を示さないことである。宣教のキリストと地上のイエスとの関係等、ドイツ神学には関心の中心であった主題が積極的な共鳴をみることはほとんどなくなった。ということは、これまで私たちはカルケドン信条の両性規定になぞらえて事柄を見てきたが、ここに至って、イエスはいわば一元的に「人間」になりきったと言うべきであろう。つまり、「真に人間」であることと「真に神」であることのどちらが主導であるかとか、双方の関わりがどうであるか等の問いは、この段階の研究者の視野には入らないのである。イエスに対する研究は、歴史上の一人間現象を扱うそれと全く違いがなくなった。そこには、二〇世紀末までに蓄積されてきた豊富な政治・経済・社会史的情報と文化人類学的知見が、従来の文献学と歴史学の知識に付加される形で総動員されている。

ここに至ると、ナザレのイエスは総じて、これまでのような「神性」や、その疑似形態としての「理想的人間」の姿を喪失し、欠点も弱さも持った、しかしおそらく強度に熱狂的・パトス的な一介の「人間」として提示されていくであろう。私見によれば、この「第三の探求」の先鋭部分がやがてイエスの「人間化」を徹底させ、果ては一種の「イエス批判」にまで至るのは時間の問題でしかない。たとえば、カルケドン信条的に見れば、イエスはその「神性」のあまり、一切の「罪」を知らない存在とされてきた。しかし、イエスを真に人間として扱えば、イエスの「罪」の意識やその構造も問われるであろう。また、彼の「神の王国」のファンタジー性の批判的考察――「神の王国」は彼が考えたようには到来せず、彼は時間の把握を誤った――も登場するであろう。しかし他方――彼が何を実際に語ったか、あるいは自分を何者と見なしたかは場合によっては不明瞭であり、研究者の恣意的判断が混入せざるを得ないが――彼が当時の社会の中で没落者・被差別者たちと親しく交わり、その彼らの決定的解放をおそらく「神の王国」のヴィジョンの中に見ていた点、またそこから派生する権力批判行動のゆえに、最後は十字架という処刑方法で殺害された点は、これまで以上に鮮明に描出されるであろう。

要するに、一貫してイエスの「人間」性の扱いをめぐって進展してきた聖書学のイエス研究は、その固有の「伝統の継承と発展」の結果、カルケドン信条の地平をとうとう突破する地点に至るべくして至ったと言える。そこから出てくるイエス像を、「信仰」には役立たないとして無視することは不可能ではない。しかし無視できないとしたら、これまでのキリスト教の神学的思考範疇は大幅に再定義されざるを得ないであろう。少なくとも、イエスを全能の神の「実体」として把握し、そのキリスト論への「信仰」を救いの核心にしてきた従来のキリスト教は根本的に修正されざるを得ない。ニカイア信条的・カルケドン信条的神学の解体である。そしてあらためて、歴史のイエスが拠って立ち、それゆえに死んでいったところのリアリティをいかに捉えるか——すなわち新しい「神論」——が中核的課題となるであろう。

1・6　新たな神学的輪郭への聖書学の適用

こうして聖書学的に批判吟味されたイエス論の方向性をむしろ肯定的に評価し、自らの神学的枠組みの中に活かそうとする潮流も、すでに存在する。

その一つは、一般に「宗教(的)多元論」(religious pluralism, 正確に訳せば「宗教複数主義」)と言われているものである。これは一九八〇年頃から議論されるようになったものであるが、基本的な主張は、世界にあるどの宗教にも真理への道としての価値と意義を同等に認めるところにある。もっともその際、これを言い出した人々はキリスト教徒であるから、キリスト教以外にも救いの道を認める神学的立場という方がより実態に即している。この立場は、その登場以来、さまざまな賛否両論を引き起こしてきている(これに賛同する者として、日本の小説家、遠藤周作の名も挙げておこう)。今その詳細に立ち入ることはしないが、さきほどの聖書学におけるイエス論の展開がこの考え方に大きな示唆を与えていることは否めない。たとえば、「私を通らずして父のもとに至る者はいない」(ヨハネ一四6)という排他的言表が、イエスの主張であるよりは後代のキリスト教徒の自己主張の投影であると認識され、イエスはむしろ、究極のリアリティを自ら受けた一介の人間として捉えられる。こうした思考は、さきに述べたような現代聖書学のもたらすイエス像を最も有効に応用するであろう。事実、宗教多元論の最大の支持者であるJ・ヒック(Hick)は次のように言う——

キリスト教の基本理念の破棄を要求するわけではないが、これまでの伝統にはない方法で、キリスト教の基本理念を新たに理解しなおすことを要求することになる。そうした新しい方法は、近代の聖書学の成果と、他の偉大な世界信仰が結ぶ道徳的、霊的な実についての私たちの経験とによって、それとなく示されている。新約聖書学は、歴史上のイエスが受肉した神であるとは断言しなかったこと……を明らかにしている。……キリスト教とキリスト教が占める世界の位置について考え方を変えさせるように導いたのは、近代の新約聖書学による成果と、人間生活のなかで実感される優越性の実の欠如とからの、いわば統合的なインパクトであった。③

2　キリスト教的実践の次元

今度は角度を変え、キリスト教の実践面における変革の徴候について述べることにする。これには二面があり得る。すなわち霊的実践と社会的実践である。

2・1　霊的実践の分野にて――〈禅キリスト教〉の誕生

私は以前に、ヨーロッパにおいて一九七〇年代から活発になされてきた坐禅運動が、きわめて斬新なキリスト教――あえて言えば禅仏教ならぬ〈禅キリスト教〉――を生む可能性があると推測した〔本書第1章参照〕。そこでは概念を超えた霊性体験の世界が共通財になること、また実体的な神観が変貌し、キリスト論が大幅に変化すること、とりわけイエスが――前述の新約聖書学の成果とも呼応する形で――礼拝の対象としての偶像的存在から、「同等なる者たちの第一の者」(primus inter pares)としての同行者的存在にシフトすることなどを予想した。以下は、それが私の空想ではなく、現実に生じ始めていることのレポートである。

a　ヴィリギス・イェーガー事件　二〇〇一年一二月、枢機卿ヨーゼフ・ラーツィンガー(現教皇ベネディクト一六世)の率いるヴァチカンの教理省は、ドイツのベネディクト会の神父にして禅の師家《しけ》でもあるヴィリギス・イェーガー(Willigis Jäger)に対して、著作、講演、坐禅ないし修養コース指導などの公の活動を以後全面的に禁止すると言い渡した。理由は、報じられるところによると、「過去において、ヴィリギス・イェーガー神父の神学的主張は、繰り返し反論の契機を与えてきた。たとえば、彼の本の読者やその講演の聴衆から、ヴィリギス神父はキリスト教の人格神の概念を偽りとし、信仰の諸真理を個人的体験の下方に押しのけているという非難が寄せられてきた……」(Mainpost, 二〇〇二年一月二五日付)。要するに、「人格神」を否定した、ということが主要な罪状と思われる。

イェーガーは、先に述べたように、神父であるだけでなく禅の師匠である。一九二五年生まれの彼は、ベネディクト会神父になって長らくキリスト教冥想の道を歩いてきたが、一九七二年、鎌倉三雲禅堂主の山田耕雲老師に出会い、禅に己の道の完成を予感した。一九七五年に鎌倉に移住し、六年間坐禅に徹し、朝夕に老師の鉄槌のもと、緻密な指導を受けた。その精進が実を結んで一九八一年に大事畢了、禅を教授する資格を与えられ、翌一九八二年ヴュルツブルク(ドイツ)の「聖ベネディクトの家」に禅堂を開いた。以後、ほぼ二〇年にわたり、この場所で禅とキリスト教冥想の指導にあたってきた。また、書いた本の数も、現在入手可能なものだけでも四〇冊を超える（ただし日本語に正式に訳されたものは一冊もない）。その他、精力的に記事や論文を書き、ドイツ国内外のさまざまな場所で講演し、また坐禅会や接心を指導してきた。今やその名はドイツを超えて広く欧米で知られている。おそらく、これまで西洋で活動した禅の指導者中、最も広範な影響力を持った人物であろう。

今回のヴァチカンからの一方的な通告の後、イェーガーは熟慮の末、二〇〇二年六月にベネディクト会を「休会」して神父の立場と活動とを暫時放棄することにした（「休会」とは正式には「修道院外生活」（Exklaustration）を選択したという意味で、なお彼を支持する同修道会の人々を慮ってあえて穏便な処遇名を選んだものであろう。実態としては脱会に等しい）。しかし他方、上からの命令を半ば公然と無視して、一介の禅指導者として個人的レベルで指導を続けている。かえってそのためにか、彼の許に教えを請いにくる人の数は減少することを知らない。彼は指導の場所も失ったはずだったが、支持者たちは二〇〇三年、ヴュルツブルク市の西、ホルツキルヒェン町において、かつての修道院の建物を購入し、それを見事な道場（宿泊施設付き）に改築変貌させてしまった。

枢機卿ラーツィンガーは、すでに一九八九年一二月に、「キリスト教的冥想の諸相」と題する文書において、東洋の諸宗教から導出された祈りや冥想の方法を使用することへの警告を発した。「混交主義に陥る危険を回避するために、そうした方法は徹底的に吟味されるべきものである」（National Catholic Reporter, 二〇〇二年三月一日付）という。この「方法」の一つが坐禅であることは明白である。ここに至っては、「仏教においては……人が忠実と信頼の心をもって、あるいは完全な解脱の状態に至る道、あるいは自力または他力によって最高の悟りに到達する道が教えられる」とし、また「〔諸宗教においては、〕すべての人を照らす真理の光を示すことも稀ではない」とした第二ヴァチカン公会議の諸宗教に関する宣言(一九六五年)からも大幅に後退した保守主義が見て取れる。もっとも、坐禅の伝播はドイツにおいてすでに広範な裾野を獲得しており、坐禅を信者レベルで直接に禁止することはもはや不可能である。そこで教理省は、坐禅運動の最も著名な旗手である神父イェーガーへの象徴的弾圧に踏み切ったと言うべきであろう。

b　イェーガーの思想の輪郭　イェーガーの立場は、どのような意味で「危険」なのか。彼が「人格神」を否定したと言われているのはどのような次第か。たとえば、次のような彼の発言がある——

自分の憧憬心を、どこかに存在していて自分を観察し、導き、指導し、愛する等々のことをしてくれるひとりの神に投影することは、人間がなす最後の投影である。そのようにして神は、人間の表象の中で、審《さば》く暴力になり、振舞いの監査役になり、恩恵を与えることも奪うこともできる超人になる。そうした宗教性が大部分の諸宗教を支配している。……すべての宗教の神秘主義は……初めからいかなる神の似姿にも執着することのないように、神のあらゆる表象を放棄するように忠告する。私たちが神について言うことのできることは、象徴的性格しか持たないのである……。私たちは、象徴や像にしがみつきつつ、神はこのようであると見なすようなことをしてはならない。……宗教には、制作された神像を拝むことよりも遥かに悪しき偶像崇拝がある。それは、概念や知的神観念を崇拝することである。(4)

確かにここでは、対象化される「人格」としての「神」観念は「投影」像であるとして否定されている。しかし、神がそもそも対象化されるものかどうかは、根源的な議論を要請するであろう。いずれにせよ、このようなイェーガーの思想は、禅に影響されているのと同程度に、キリスト教史ではしばしば異端視されてきた神秘主義(彼の場合はとりわけマイスター・エックハルト)の伝統のもとにある。それへの歴史的継承意識と愛着ゆえに、彼は依然としてキリスト教徒であり続けているとすら言える。もっとも、上のような主張が、保守的な「伝統の継承」を尊ぶ現今のヴァチカンの喜ぶものではないことは、容易に理解できよう。ここでは、「伝統」の核をどこに見、何を「継承」するのか、その理解の極端なずれが表面化している。

また、イェーガーの立場は、前述の宗教多元論との共通性を多分に持つ。いわば「超宗教的キリスト教」を唱えていると言える。修道会暫時脱会の後、二〇〇二年七月二日、その弟子たちや友人・知人たちに配布した文書において、彼は次のように言っている——

私は、この同じ道を行くコミュニティ(Weggemeinschaft)が、禅と冥想との伝統的道においてさらに発展展開すること、また同時に、他の霊的な道における人々に対して、またとりわけキリスト教以外の人々に対して一層己を開くことを願っている。私は二つの点において尽力するつもりである。すなわち、諸宗教における神秘的諸伝統を強め、再活性化すること、およびどの宗教にも故郷を持たない人々に霊的な道を与えることである。その際、特に強調したいことは、そうすることで混交主義を作り上げようとしているのではないということである。自らの現在の宗教や宗派にいることを是とする者は、そこに留まるべきである。道友のコミュニティとは、セクトでは全くなく、また新しい宗教や宗派でも全くない。

常に重要なことは、すべての存在の基底を、人間と宇宙との真の本質として認識することにある。すべての宗教を貫くところの永遠の哲学(philosophia perennis)は、ある神秘的な体験へと通じる道を私たちに示し、またその道において私たちに同伴してくれる。大事なことは、「一なるもの」を外において求め崇めるのみならず、私たちの中心として体験し、儀式や諸儀礼においてて祝い、またこの体験から日常生活を生きることである。

私たちは共同して、あらゆる倫理の基礎であるところの、ありとあるものへの共感と愛とを発展させたいと思う。そこではあらゆる人間が、動物が、そして全自然が対象となる。そこからさらには、消費社会への意識的な反対行動として、また貧困の中にあるさまざまな民への援助として、私たちの生活様式を単純なものに変えていかねばならないことが帰結される。

将来の人間は、なお一層、さまざまな宗教を見渡す人間となるであろう。ということは、諸宗教の頂点として、神秘的体験が認識されるだろうということである。したがって、私たち道友のコミュニティにおいては、特定の宗教を持とうが持つまいが、すべての人間が歓迎される。(5)

これは、確かに宗教多元論ではあるが、彼の場合は単に「論」に終わらず、神秘的体験の次元での共有空間――コミュニティ――造りを実践している点が斬新であろう。つまり、このコミュニティは開かれた社会的存在である。また、最後に「消費社会への意識的な反対行動として、また貧困の中にあるさまざまな民への援助として、私たちの生活様式を単純なものに変えていかねばならない」ことが確認されている点も注目される。これはお題目ではなく、現在海外で禅を実践する者たちに多かれ少なかれ共通する倫理的課題意識だからである。彼らは、いわゆる「坐禅オタク」的な集団ではなく、意識的に社会的メッセージを共有しているのである。

c　イェーガーのキリスト論　それではイェーガーは、キリスト教の核心である「イエス・キリスト」についてはどのように考えているのか。これに関する発言も引いておこう――

イエスは歴史上の人間であった。しかしキリストとして、彼は私たちの永遠の、超個的存在様態を表現している。したがって私たちは、すべて「キリストたち」である。私たちのすべてが、神のこの存在様態において「油そそがれた者たち」である。イエスはどこにおいても、この生を所有しているのは彼だけだとは言っていない。彼と同じく私たちも、彼が「神の王国」あるいは「永遠の生命」と呼んでいるこの存在様式を生きる必要がある。私たちはキリスト教徒になるべきであるとは言わない。私たちは、自らがキリストであることを認識せねばならないのである。「キリスト」とは、この新しい人間につけられた名辞である。(6)

イエスは、自分を礼拝せよとは要求しなかった。むしろそれ以上のことが問題なのである。私たちは、彼が神の子であるという認識において、彼に従わねばならない。彼の存在様式は、私たちの存在様式である。(7)

しかし歴史的イエスについては、ここではより詳しく論ずることをしないでおく。私たちがイエスを単に「人物」として見るのであれば、遅れた宗教的理解のまま固着してしまうであろう。このようなイエスを、私たちは棄てなければならない。禅は言う、「仏に会えば仏を殺せ」と。もしもあなたがこのようなイエスに冥想の中で会うのであれば、彼を殺せ。ということは、イエスの映像にまとわりついてはならないのである。あなたは「キリスト」を体験せねばならないからである。(8)

イェーガーは、「イエスは、自分を礼拝せよとは要求しなかった」と言明できる点で、明らかにこれまでの新約聖書学のイエス研究を踏まえている。しかしそこから彼は、イエスと同じ神秘的存在形式・行動形式を私たち自身も取るべきである、と主張する。実はこれは、私が上に述べた、「同等なる者たちの第一の者」(primus inter pares)としてイエスを理解するという方向と同質の主張である。

以上でイェーガーの思想の輪郭は見えたであろう(なお、同じキリスト者で禅を志すといっても、イェーガーに必ずしも賛同しない者たちも多くいることは注記しておく)。ただ、この際に重要なことは、こうしたイェーガーの見解とそれに基づく冥想の実践が、彼個人の営みであるに留まらず、それを直接的・間接的に支える多数の禅ないし冥想を実践中のキリスト教者の賛同を得ている事実である。つまりここで彼は、言葉を超えて霊性の体験と実践の道を求める多くの者たちの代弁者となっている。そして彼らが従来のキリスト教の伝統に連なることを否定するのではなく、むしろその継承者をもって自己を理解するとき、しかし現実には既存のどの宗派にも完全に属することがないと同時にさまざまな宗派を横断して連帯を確認しているとき、この運動は〈禅キリスト教〉という新しい名辞で呼ぶ方がふさわしいと考えられるのである。

2・2　社会的実践の分野にて

a　「解放の神学」　社会的実践の方面においても、キリスト教の新しい運動形態についてごく簡単に触れておこう。それは二〇世紀後半になって登場した広義の「解放の神学」(liberation theology)である。「解放の神学」は、狭義においては、ラテン・アメリカ(とりわけペルー、ブラジル、中米など)のカトリック信者・聖職者たちの間に勃興したものであるが、広義に解釈すれば、一九七〇年代の韓国の民主化運動を支えた「民衆神学」、および一九六〇年代以降の合衆国やアフリカの黒人たちが創出した「黒人神学」、そして先進国の中でもこれまで日陰の存在であった女性たちが担ってきた「フェミニスト神学」、および同趣旨の神学——これらすべてを内包する神学的社会運動である。相互間の刺激はあったにせよ、それぞれ固有の文化圏と政治社会状況から内発的に生まれたものと言える。その共通するところは、いわゆる既成キリスト教の「救い」の教義を受容するか否か等ではなく、現実の社会の中で種々の抑圧に苦しむ層が真に解放されるために戦うことをキリスト教の本来的な、そして最重要の課題として認識していることにある。

b　聖書学からの支援　興味深いことに、ここにおいても、聖書学が直接的に基盤を与えているか、あるいは間接的に思考をサポートしている。そもそも、イエスの「神の王国」運動の根本が抑圧の中にある人々への霊肉双方の解放のメッセージであり、そのためにイエス自身が命を棄てて関わったことは、前述のように、現在の新約聖書学のほぼ共通の認識と呼んでよいであろう。それが、時間的にも事柄的にも、信仰箇条とか教義とかに遥かに先行して根源的であった事態が、「解放の神学」全般のヴェクトルを背後で規定している。事実、韓国の「民衆神学」の中心的思想家の一人、安炳茂《アンビョンム》は独創的な新約聖書学者であったし、また「フェミニスト神学」を遂行する者たちは、聖書学を駆使して積極的に聖書の「改訳」や彼女たちの視点からの聖書注解に取り組んでいる（日本でも知られている彼女たちの代表者の一人、E・シュスラー＝フィオレンツァ (Schüssler-Fiorenza) は優れた新約聖書学者である）。

現段階で、広義の「解放の神学」の最大の課題は、いかにしてその問題提起と固有の視野を持続的に確保し、実践的に展開するかであろう。なかには残念ながら——韓国の「民衆神学」のように——、国が富裕化するにつれてすでにほぼ沈黙してしまった運動も存在する。

2・3　これからの「キリスト教」

以上、聖書学の展開過程とその帰結を主として観察しながら、革命的なほどラディカルなキリスト教的立場の登場を見てきた。それらがこれから先駆的役割を果たすことは疑いないであろう。しかし、それらは「キリスト教」のすべてではなく、また多数派でもない。今あえて全体を視野に入れて、キリスト教のこれからの「地図」を素描してみよう。

a　先進国内における分裂の拡大　聖書学が展開されたのは、全体としてみると、西洋先進国においてである。つまり、キリスト教全体からすれば、その趨勢が停滞を見せ始めたところにおいてである。それは、総体的に見れば、近現代の世界観・人間観の大変革の中で、いかにしてキリスト教的信仰が近代化され得るかという、キリスト教内部からのアイデンティティ再獲得の試みであったと言える。そうした聖書学の意識は——少なくともその先鋭的部分は——宗教多元主義や〈禅キリスト教〉やその他の斬新な地平と結合し、従来の「キリスト教」の解体と革命にまで突き進んでいくと思われる。明らかにこの部分に、いわば第二次「宗教改革」の可能性が芽生えている。

しかし、これら先進国におけるキリスト教徒の大多数は、今述べたラディカルな部分に刺激されて果敢な自己変革に取り組んでいるわけではほとんどない。その中のとりわけ保守的な部分には、全体状況への不安ゆえであろうか、逆にこれまで以上に伝統主義に回帰固執する傾向が見て取れる。そうした勢力は、たとえば二一世紀初頭のある超大国の場合のように、容易に政治権力と結託し、えせ勧善懲悪意識に駆られた言動によって全世界にゆゆしき影響力を与えるに至っている。

残りの多数のキリスト教徒間には、一方ではこうした時代錯誤的な反動的退化と、他方では急進的な革命化との間にあって、一定程度の改革を目指す部分も存在はするものの(「良識キリスト教」と呼びたい)、より多くの部分がカルケドン信条的信仰生活に基づいた「定常キリスト教」として自己を保存しているのが見られる。それらの人々が誠実なクリスチャンであることを疑うものではないが、「キリスト教のゆくえ」という観点からすれば、この層はこれからも緩慢なグライダー飛行を続けていき、静かに死の着地に至るのではないかと危惧される。そうなれば、残るのはクリスマスと冠婚葬祭の「慣習キリスト教」しかなくなるであろう。しかし幸運にも、まだ少々の時が許されていると思われる。その間に、この多数部分が、奇蹟的かつ圧倒的な飛躍を遂げることがあり得るのであろうか。

表1　キリスト教の趨勢

（単位：万人，％）

	1969 年	2002 年
北米	2 億 1036*(22.8) 3 億 0444	2 億 6175(13.0) 3 億 1188
ヨーロッパ	4 億 3576*(47.1) 6 億 3699	5 億 5936(27.7) 7 億 2827
オセアニア	1387* (1.5) 1813	2534 (1.3) 3016
ラテン・アメリカ	1 億 4784*(16.0) 1 億 7425	4 億 8659(24.1) 5 億 2588
アジア	7510* (8.1) 19 億 0748	3 億 1776(15.7) 37 億 3017
アフリカ	4134* (4.5) 3 億 2813	3 億 6824(18.2) 8 億 0215
全世界	9 億 2427 (100) 33 億 6942	20 億 1905 (100) 61 億 2851

注）（　）に全キリスト教徒中の割合を示す.
下段の数字はその地域の総人口.
＊印の箇所は『基督教年鑑』1971 年版に基づいて算出した.

いずれにしても、いわゆる先進国におけるキリスト教が、本質的事柄に関して、相互分裂を一層深化させることは残念ながら不可避ではないかと思われる。

b　流れは先進国から「第三世界」へ

最後に、目を全世界に転じてみよう。今、ちなみに『基督教年鑑』(一九七一年版と二〇〇三年版を使用)を使って、ここ三〇年ほどの世界のキリスト教の趨勢を瞥見してみる(表1)。一九六九年には、全世界のキリスト教徒の人口は九億二四二七万人とされていた。これは地球人口三三億六九四二万人の約二七パーセントにあたる。それが二〇〇二年になると、全世界のキリスト教徒人口は数の上からは二〇億一九〇五万人と倍以上に増えている。もっとも地球人口も一・八倍に膨れ、六一億二八五一万人になったので、その三三パーセントを占める勘定になり、百分率では若干の増加ということになる。しかし顕著なのは、キリスト教圏内のシェアの変化である。

一目瞭然であることは、過去三十数年の間の、北米やヨーロッパにおけるキリスト教徒が世界のキリスト教徒の中で占める割合の急激な減少と、逆にラテン・アメリカ、アジア、アフリカにおけるそれの急激な上昇である。正確に言えば、北米でもヨーロッパでも、人口の若干の増加に見合った程度にキリスト教徒人口も増加はしている。しかしそれに比べ、ラテン・アメリカ、アジア、アフリカの増加には目を見張るものがある。とりわけアジア(日本を除く)とアフリカの信徒の急増は衝撃的ですらある。今やラテン・アメリカ、アジア、アフリカを合わせた信徒数は、全世界のキリスト教徒の六割近くを占めるに至っている。

ここから言えることは、信徒数とそのエネルギーから判断するに、将来におけるキリスト教の担い手は明らかに「第三世界」の人々(残念ながら日本以外)だということである。その際の「キリスト教」は、もはや欧米から輸入されたものではなく、強く霊的な「土着化」(inculturation)を遂げたものであり、上述の「解放の神学」的ヴェクトルの影響を受けたものである。とりわけ「アフリカの独立教会」(African Independent Churches)の爆発的なカリスマ性・霊性は、アフリカ人のアイデンティティの確立を強烈に後押しするものであり、特筆されてよい。果たして、これらの「第三世界」のキリスト教運動は、民族主義・ナショナリズムに堕することなく、分断され切った世界を逆に結合させる媒体になり得るであろうか。

要するに、「キリスト教」が新生を迎えるか否かは——先進国内のかの急進的部分が将来開き得る地平の動向と同時に——これらの第三世界の人々が展開していく運動の成果にかかっていることは疑い得ないであろう。

終わりに——宗教のゆくえ

人間は「宗教的人間」(homo religiosus)である限り、究極のリアリティとの体験的接触を保たずしては生きていけない。しかし人間は同時に社会的存在であり、他との共生なしには生きていけない。希望なきまま同時多発戦争に突入した二一世紀初頭の人類にとっては、これらのことは特に重大である。そこで、キリスト教であれ、他の宗教であれ、現代にある宗教ならばどうしても引き受けねばならないいくつかの責務があると思われるので、そのうちの四点を理念的に示唆することによって、本章のエピローグに代えたい。

(1) 宗教的根源体験の修練——宗教の原点である根源的な霊的体験が近代的知性主義で窒息させられたことが、先進国キリスト教の没落要因の一つである。欧米で坐禅運動が広まったのもキリスト教における霊的次元の枯渇が背景にあり、またアフリカや(日本以外の)アジアにおける急速なキリスト教の伝播も、その霊的体験の要素を無視しては考えられない。これをいかに正しく修練するかは大きな課題である。この点は、キリスト教プロテスタント派にはとりわけ妥当するが、場合によっては「葬式仏教」と揶揄される仏教の多くの部分も同様である。

(2)　社会的実現へのコミットメント——こうした宗教的根源体験を、どのようにして共同体に、そして社会全体に益になるように還元するか、言葉を換えれば、霊的体験をどのように自他の生活、そして現代では地球全体の生命の中に実現するかがもう一つの大きな問題である。これにはまた、現象世界の不正に対して、沈黙するのではなく、いかに非暴力的手段によってこれを正していくか。また、世界的規模で私たちを脅かし始めた倫理的問題——たとえば戦争やクローン人間のそれ——にどのようなメッセージを発しつつ関わっていくか等の問いも内包される。こうした社会的コミットメントの視点を欠いたままの宗教はいつしか一種の独善に堕し、結局は個人的または集団的エゴイズムに終わる危険がある。

(3)　諸宗教間の対話と交流の促進——複数の宗教同士の直接の対話、および霊的修養の相互参加が、現代の世界では不可欠である。それによって相互のあり方を理解し、互いへの寛容さを養い、同時にまた相互の相違のまま相違を超えて響き合うものを確認する智慧の獲得が可能となる。これは仏教とキリスト教との間ではすでに一定程度なされてきているが、将来は特にイスラム教を交えて、対話交流の場の実現を図らねばならない。

(4)　ラディカルな伝統継承と革新への自由——自己の宗教的伝統の中で、「伝統を継承し革新する」ことをラディカルに考え、実行する自由と勇気が要請される。「伝統」を断ち切るように見えることが、一層根源的に「継承」する場合も存在する。「異端」とか「混交主義」と誹謗されることを恐れてはならないであろう。同時にここでは再び、そうした自由を生む真の智慧と、他者のそうした自由に対する寛容性が要請されるであろう。

以上四点がもし遂行されれば、キリスト教の中にもラディカルな革新が約束されようし、諸宗教の間にも創造的な相互交流が生まれよう。また現代世界における宗教の真に積極的な意味も、ようやく顕在化するものと思われる。

（1）小高毅編『原典古代キリスト教思想史2 ギリシア教父』教文館、二〇〇〇年、四一二頁。引用に際して、語彙を若干変更し、傍点を加えた。
（2）H. S. Reimarus, "Von dem Zwecke Jesu und seiner Jünger", in: K. Lachmann (Hg.), Gotthold Ephraim Lessings Sämtliche Schriften XIII, Leipzig 1897, S. 223.
（3）J・ヒック『宗教がつくる虹——宗教多元主義と現代』間瀬啓允訳、岩波書店、一九九七年、二三四—二三五頁。
（4）W. Jäger, Suche nach dem Sinn des Lebens. Bewusstseinswandel durch den Weg nach innen, Petersberg 1991, S. 29-30.
（5）W. Jäger, Aufbruch in ein neues Land, 2. Aufl., Freiburg i. B., 2004, S. 121-122.
（6）Jäger, op. cit., S. 196.
（7）ibid., S. 197.
（8）ibid., S. 199.

参考文献

遠藤周作『深い河』講談社、一九九三年。
大貫隆『イエスという経験』岩波書店、二〇〇三年。

梶原寿『解放の神学』人と思想シリーズ、清水書院、一九九七年。

キリスト教新聞社編『基督教年鑑』キリスト新聞社、一九七一年。

キリスト新聞社編『基督教年鑑』キリスト新聞社、二〇〇三年。

G・グティエレス／A・マタイス編『解放の神学』明石書店、一九八六年。

J・D・クロッサン『イエス――あるユダヤ人貧農の革命的生涯』太田修司訳、新教出版社、一九九八年。

A・シュヴァイツァー『シュヴァイツァー著作集一七―一九巻　イエス伝研究史 上中下』遠藤彰・森田雄三郎訳、白水社、一九六〇・六一年。

D・F・シュトラウス『イエスの生涯』全二冊、岩波哲男訳、教文館、一九九六年。

南山大学監修「キリスト教以外の諸宗教に対する教会の態度についての宣言(一九六五年)」『第2バチカン公会議公文書全集』中央出版社、一九八六年。

岸根敏幸『宗教多元主義とは何か――宗教理解への探求』晃洋書房、二〇〇一年。

J・ヒック／P・F・ニッター編『キリスト教の絶対性を超えて』八木誠一・樋口恵訳、春秋社、一九九三年。

R・ブルトマン『ブルトマン著作集一、二巻　共観福音書伝承史1・2』加山宏路訳、新教出版社、一九八三・八七年。

古屋安雄・土居昭夫・佐藤敏夫・八木誠一・小田切雅也『日本神学史』ヨルダン社、一九九二年。

古屋安雄・宇都宮輝夫・佐藤研「21世紀の神学を考える」『日本の神学』四一、二〇〇二年。

第4章　「復活」信仰の成立

まえおき

ナザレのイエスは、十字架で殺された後、どこへ行ったか——。とりわけ東方教会では、イエスは磔死した後「陰府《よみ》」に下り、そこに閉じ込められた人間を救済した、というエピソードが伝播したが、それでも最終的には「復活」し、「昇天」したというのが正統的な教義である。事実、この「復活」という一点に、キリスト教信仰の一切はその当初からかかっていたと言ってよい。「もしもキリストが甦らされていないとするなら、あなたたちの信仰は空しく、あなたたちは依然としてその罪の中にいることになる」（Ⅰコリント一五17）とパウロの言う通りである。では、このような復活信仰が成立するに至った直接の事情とは一体いかなるものであろうか。その前提条件、その背後に想定される体験、およびその最初期の表象の展開とは、どのようなものだったのであろうか。本章は、それらの問いへの答を概述しようとするものである。しかもその際に、いわゆる「神学」的言辞を使うのではなく、できるだけ「人間」の事柄として、いわば「人間学」的言語を使用することにしたい。

1　空の墓の事実

ある所与の事実の確認から、話を始めよう。古代教会史家カンペンハウゼン(H. Campenhausen)は、その論文「復活の出来事の経過と空の墓」(一九五二年)という論文[1]の中で、イエスの遺体はいったん墓に収められたが、やがてその墓から消失した、これは否定できない史実である、と論じた。そして、その空の墓の発見を起点に、復活の諸事件が生じていくさまを推定したのである。つまり、婦人たちがイエスの墓が空っぽであったことを発見した後、ペトロはこれを引き続いて起こる復活の証拠と見なした。弟子たちはそれに基づいて、ガリラヤでイエスにまみえるという希望を抱き、ペトロの指導のもとに、そこに赴いた。そして実際当地で、ペトロ以下十二弟子への顕現があった、云々と史的経過を再構成したのである。

これに対しては批判がある。事実、そのようなガリラヤへの一団となった帰還があったなどというのは論者のファンタジーでしかないと言えよう[2]。しかし、イエスの墓が実際に空になってしまったということ自体の史実性は、今でも否定できないものと私は考えている。ただしキリスト教学の分野では、このことの持つ意義が十分に反省はされていないように思われる。当のカンペンハウゼンですら、表層的事件の経過を想定するところで止まってしまっている。

2　一般的ユダヤ教徒の反応

イエスの墓が空になった、ということが史実であると想定せざるを得ない最大の論拠は次の点にある。つまり、イエスの直弟子たちがイエスは「復活した」と宣教し始めた時、一般のユダヤ教徒がそれを反駁するに際し、墓の中のイエスの死体を指示できなかった点である。[3] それができれば、ユダヤ教的表象世界の中では、「イエス復活」への最大の反論となったはずである。

ユダヤ教徒の人間学的大前提の一つは、人間とは心と体を切り離すことができない、総体的存在であるという点にある。[4] 日本語的に言えば、人間とは「心身一如」的存在なのである。したがって、ある者が「誰それは復活した」と主張しても、その者の死体が目の前にあるのであれば、その主張は実質的に否定されてしまわざるを得ないのである。現実の死体を度外視して「魂だけが復活する」などというのは、ユダヤ教世界の与り知らぬ言辞だからである。

つまり直弟子以外のユダヤ人たちも、イエスの死体がなくなったことは承認せざるを得なかったのである。ただそれを彼らは、イエスの弟子たちがイエスの死体を盗み出し、イエスが復活した、などと言いふらしている、と解釈したのである。このことの証左は福音書の中に存在する。

> ……そこで彼らは長老たちと集まって協議し、兵士たちに十分な銀貨を与えて、言った、「『あいつの弟子どもが夜中にやってきて、われわれが眠っている間にあいつを盗んだのだ』と言え。もしもこのことが総督の耳に入ったら、われわれの方で［彼を］説得し、お前たちが心配することのないようにしてやろう」。そこで彼らは銀貨を受け取り、教えられたように行なった。そこでこの噂は、ユダヤ人たちの間で今［日］まで言い広められている。（マタイ二八11-15）

この中で、墓の番兵たちというモチーフは、マタイ福音書の中で二次的に構成されたものである可能性が高いであろう。しかし、「あいつの弟子どもが夜中にやってきて、われわれが眠っている間にあいつを盗んだのだ」という噂は「今日に至るまで」、すなわちマタイの同時代(紀元八〇年代)まで、ユダヤ人の間に言い伝えられているというのは、マタイの証言する現実と見てよい。(5) 実際、二世紀前半のキリスト教護教家ユスティノスも、二世紀末のテルトリアヌスも、ユダヤ教徒側が依然としてなしているその種の批判の存在を示唆している。(6)

3　いつ空になったか

では、イエスの遺体はいつ消えたことが判明したのか。これに関しては四福音書が一致して、イエスが死んで後、次の「週の始めの日」、つまり日曜日にマグダラの女マリヤ(および他の女たち)が初めてその事態に接したとしている。因みに、最古の福音書記者マルコが受け取ったであろう形の伝承を再構成してみると(以下、「……」はマルコの編集的加筆を削除した箇所を示す)——

さて、……マグダラの女マリヤとヤコブのマリヤとサロメは……週の初めの日、……日の昇る頃墓へ行く。……そして目を上げて見ると、なんと石がすでに転がしてあるのが見える。……そして墓の中に入ると、彼女たちは白い長衣をまとった一人の若者が右側に座っているのを見、ひどく肝をつぶした。すると彼は彼女たちに言う、「〔そのように〕肝をつぶしてはならない。あなたたちは十字架につけられた者、ナザレ人イエスを探している。彼は起こされた、ここにはいない。見よ、ここが彼の納められた場所だ。……」。しかし、彼女たちは外に出るや、墓から逃げ出してしまった。震え上がり、正気を失ってしまったからである。……

（マルコ一六1-8）

これはよく見れば、墓が空になったことを告げる伝承ではない。むしろ、その空の墓をもとに、イエスの「起こされた」、すなわち「復活」させられたことを宣言している伝承である。しかしそれでも、イエスの死体が存在していないことはそもそもの前提となっているのである。

マタイとルカの記事（マタイ二八1-8、ルカ二三56、二四1-9）は、基本的にはマルコの記事を基にしているので、一層古い、かつ異なった情報を提供することはない。しかし、系統を別にするヨハネ福音書によれば、同類の記事の前半は次のようになっている――

週の初めの日のこと、マグダラの女マリヤが早朝、まだ闇であるうちに墓へやってくる。そして、かの石が墓から取り除かれているのを目にする。そこで、走っていってシモン・ペトロともう一人の、イエスが愛していたかの弟子のところに来て彼らに言う、「彼らが主を墓から取り去りました。どこに置いたのか、私たちには分かりません」。

（二〇1-2）

おそらく「もう一人のイエスが愛していたかの弟子」というのはヨハネ福音書の著者に由来する付加部分であろう。伝承では「ペトロたち」とでもなっていたか。またここには、共観福音書のように複数の女性が出ず、「マグダラの女マリヤ」だけである。しかし最後の「私たちには分かりません」に暗示されているように、元来の伝承では(共観福音書のように)複数の女性たちが登場していた可能性がある。しかし何よりも目につくことは、天使による「復活宣言」がない。そのかわり、イエスの遺体を見つけることができないマリヤの当惑のみが書かれている。その際、「彼らが主を墓から取り去った」と言われていることが注目される(ヨハネ二〇13も参照)。それはさきほどのユダヤ教主流の人々の言葉とは逆の言辞であるが、どちらもイエスの死体消失を相手側の意図的遺棄としている点が興味深い。したがって伝承史的に見れば、ヨハネ福音書のこの箇所に、マルコ福音書一六章1-8節以前の伝承よりさらに古い段階の伝承の姿が浮かび上がっており、そこではイエスの直弟子たちの陥った当初の困惑が痕跡を残している可能性が考えられるであろう。

どちらにせよ、日曜日の朝、イエスの死体が葬られたはずの墓から消失してしまっていたのであり、その事態が、当所を訪れた女たちにまず明らかになったのである。このことの史実性だけは、カンペンハウゼンの言う通り、ほとんど否定できない。そしてこのことは、その報を受けた弟子たちを甚だしい混乱に陥れたことであろう。(7)

4 弟子たちの衝撃

厳密に言えば、直弟子たちはこれで二重の意味の衝撃を蒙ったことになる。イエスの死のショック、それも特に男弟子たちにとっては自分たちが逃げることによってイエスを十字架で殺してしまったことに対する自責の念と一体になった根本的ショックと、今やイエスの死体が忽然と消えてしまったミステリーを前にしての不可解さのショックである。これらは彼らの自意識を震撼させ、攪乱させるに十分の衝撃であったろうと思われる。イエスの運命が、弟子たちの運命をも呑み込む形で巨大な謎に変じてしまった感がある。この時点で、「ペトロは、この空虚な墓を、引き続いて起こる復活の証拠とみなし」[8]たというような悠長な事態が支配したとは、想定しがたいと思われる。

実際には何が起こったのか。おそらく最も容易に考えられるのは、誰かがイエスの死体を移動したということである。それは少なくとも、のちに「イエスが現れた」と自ら告げたペトロ等直弟子ではあるまい。その弟子が「空の墓」事件を演出し、それを基に「復活信仰」を捏造・宣伝し、それが以後のキリスト教運動に発展した、とはほとんど考えられない。すると誰であろう。たとえばクラスナー(J. Klausner)は、アリマタヤのヨセフが「自分の父祖たちの墓に、よりにもよって十字架で殺された者が憩うことをいさぎよしとできなかった」ために死体を移動したと考えた[9]。つまり、アリマタヤのヨセフが心変わりした、ということであろう。全くあり得なくはないであろうものの、確証はない。これ以外に小説的な可能性を探るなら、アリマタヤのヨセフの行動に憤りを感じた同じ大土地所有者階級——イエスの「敵」であった階級——の者が密かに死体遺棄を謀ったということも考えられようし、あるいは当時の大祭司カヤファが同様の怒りに駆られ、その部下に死体の秘かな始末を命じたこともまんざらあり得なくはない。あるいはそれ以外の人物たちが関わった策謀であったかもしれない。それとも、現在の私たちには予想できない何らかの偶然が重なったか。最終的には、誰にも解けぬ謎として残るであろう。事実だけは確認できる。イエスの死体は消え失せたのである。

5　転回――「顕現」体験

イエス磔死からくる煩悶のさなか、その遺体喪失という異様な出来事に呆然としたであろう直弟子たちに、しかしながら突然ある変化が起こる。この変化の事件を証言する最古の表現は、私見によれば、「〔イエスが〕現れた」（Iコリント一五5以下、またルカ二四34も参照）というものである。この際、「現れた」（ōftē）という言葉は、直訳すれば「見られた」ということであるから、「私は主を見た」（Iコリント九1、ヨハネ二〇18）という表現にも同様の伝承が潜んでいよう。要するに、死を超えてイエスが「現れた」と表現される事件である。

この「顕現」体験を初めて持った人物は、Iコリント書一五章5節によればペトロである。もっとも、福音書の方に現れる伝承では、マグダラの女マリヤが第一人者である（マタイ二八9-10、ヨハネ二〇11-18）。時間的にはどちらが先か、歴史的に確認するすべはない。[10] 二人のうちのどちらも、イエスに最も近い存在であったことは間違いなく、（イスカリオテのユダを除けば）イエスの死によって最も衝撃に見舞われた存在であったとして過言ではなかろう。ましてやペトロは、イエスを実質的に裏切った体験の持ち主なのである（マルコ一四66-72とその並行記事参照）。イエス顕現の事件は、彼らにとって文字通り一八〇度の意識の転回体験であったろうと思われる。

このようなヌミノーゼ的体験の言葉は、他の直弟子たちの心に異様なインパクトを与えたであろう。ヌミノーゼはある集団の中で確認される時、その集団構成員たちの潜在意識に働くため、その力は集団内で伝染的効果を生む。ペトロの「顕現」体験は他の「十二人」グループにも広がり、やがて「五百人以上の兄弟たち」の体験にもなったという（Iコリント一五5-6）。この数はもちろん正確ではなく、相当に誇張があろうが、ペトロやマグダラの女マリヤと同じ心的状況にいた少なからぬ数の者たちに、類似の仕方で意識の変容が生じたことは想定できるであろう。また、たとえ自らはそうならなかったにしても、同僚の体験発言に信を置く弟子たちもまた多くいたであろうと思われる。こうして一つの集団的カリスマ現象が発生する。

6　さらなる表象化

「現れた」という表現は、旧約聖書では神自身や神の使いなどの天的な存在が顕現する啓示事件の決まり文句である[11]。ということは、「彼は現れた」という表現にすでに、イエスの天的な実体性が内包されている。イエスは天に挙げられた、だからこそ彼の「遺体」は地上から痕跡を消してしまっていた、まさにそのイエスが顕現した、という表象の直感的連鎖が見て取れよう。つまりこれだけでも、イエスは誰かに死体を盗まれたのではなく、神によって天に挙げられたために墓にはいなかったのだ、という確信の誕生が暗示されているのである。

今これ以降の事態解釈の展開を、エルサレムに結集した「原始教会」の直弟子たちの中に限定して追ってみよう。まず、上記のような「彼は現れた」に意識的反省を加え、一層明確に言語化したものが、「彼は神の右に挙げられた」という表現である(使徒行伝二33、ロマ書八34などにその定式が残存する)。一般に「高挙」ないし(天への)「転移」(Entrückung)の表象と言われ、ユダヤ教の中ではモーセと族長たち、それにエノク(創世記五24)やエリヤ(列王記下二11)など、特別な存在に付与されたとされる「特権的処遇」である。とりわけモーセは、旧約聖書の申命記によれば「モアブの地」で死んで当地の「谷」に葬られたはずであるが、「今日までその墓を知る人はない」(申命記三四5-6)と言われており、そこから後日、彼が天に移されているという一般信仰が発生した。その経過は、イエスの場合との比較において興味深い並行性を示していよう。因みに、「神の右に」ということは、神に全権を託された者の位置に、ということである。

同時にイエス「顕現」の体験は——ほとんど論理的に必然のことであるが——イエスが死の様態から「甦らされた」、という表象を要請する。その際、当時のユダヤ教では、死は「眠り」に就くことと表現されるため(創世記四七30、ヨブ記三13、詩篇一三3、Iテサロニケ四13-15など)、そこから生に転じることは「(死の眠りから)起こされる」という言い方になる(イザヤ二六19、ダニエル一二2)。実際、私たちが一般に「復活」と呼んでいる事態は、直訳すれば「起こし」なのである。イエスの場合、その「起こし」に関する最古の表現は、一般に認められているように、「神はイエスを死人の中より起こした」(ロマ書一〇9、使徒行伝二24など多数)という定式である。これはイエスの側からすれば「起こされた」(Iコリント一五4など)と受身形になる。さらに時間が経つにつれ、イエスのキリスト論的自主性が強調されると、イエスは自ら「起きあがった」、すなわち「復活した」という自動詞的表現が使われるようになっていく(マルコ八31、ルカ二四7など参照)。

一般には、この「起こし」すなわち「復活」がイースター事件の表看板になり、冒頭で述べたように、キリスト教の切り札と化していった。しかし、上記のようにそれが唯一かつ最古の表象ではなかったことは、銘記しておく価値がある。Iコリント書一五章3節以下の古く有名な宣教伝承では、「キリストが……死んで……起こされ……ペトロに現れ……」と流れていくが、これは若干の反省時間を経て構成された、本質上のシークエンスの表現である。直弟子たちの認識過程のシークエンスは逆で、彼らに「現れた」という方が、彼は「起こされた」という表象の成立よりも時間的には先であったはずだからである。

そしてもう一度確認するが、これらのすべての表象化が成立するためには、イエスの死体の消失が大前提なのである。死体が目の前にあってもなお、イエスが「現れた」、あるいは「死人たちの中から起こされた」云々と主張するのは、ユダヤ教の人間理解からすると非合理そのもので、すぐさま即物的に反論され、実質的には説得力を一切持ち得ないからである。

最後に、もう一つ新しい言辞がこの「死と起こし」の表象に加わった段階にまで触れておこう。それが、イエスの死と起こしとは「われわれのため」、あるいは「われわれの罪のため」であったという視点の導入である。[12] これまでのイエスのみに関する言明に、「われわれ」を加えた、いわば関係論的次元が付加されるのである。

イエスは、私たちの罪過のために〔死へと〕引き渡され、私たちの義のために〔死者たちの中から〕起こされたのである。（ロマ書四25）

キリストは、聖書に従って、私たちの罪のために死に、そして埋葬され、そして聖書に従って、三日目に起こされ今に至った。（Ⅰコリント一五3）

〔その神は〕罪を知らない者を、私たちのために罪とされたのである。（IIコリント五21）

これらはパウロ書簡の中の言葉であるが、一般に認められたところによれば、パウロ以前の原始キリスト教伝承の言葉である。そしてそれらは、かなりの確率で最初期の直弟子たちの言語に遡るものであると思われる。この「われわれのために」という視点導入の伝統史的背景はさまざまに考察しうるのであるが、その心理学的根拠は何であるかと問えば、私にはそれは、直弟子たちが最後まで忘れることができなかった、イエス惨死への「負い目」であるように思われる〔この点に関しては、拙著『悲劇と福音』清水書院、二〇〇一年、一一五頁以下参照〕。つまり、イエスを十字架に置き去りにして殺してしまったことへの痛みの意識が、このような言語化を生み出した根幹にあると思えるのである。先のような体験を与えられたからといって、この意識は消えてなくなるわけではないのである。

7 もしも墓が空にならなかったら

ところで、もしもイエスの死体がなくならなかったら、全体は一体どうなったのであろうか。こうした「もし」は、いわゆる歴史学では一般に想定しないことになっているし、ことがイエスの死の場合、歴史への神の介入としてイエスの「復活」を捉えるキリスト教信仰にとっては、そのような想定は愚劣でしかないであろう。しかし、あえて問うてみればどうか。もし、イエスの死体が消えてなくならなかったら、直弟子たちには――たとえばペトロやマグダラの女マリヤには――何も起こらなかったのであろうか。

そうかもしれない。しかしながら、やはり何かが起こったと考えることも十分可能であるように思われる。しかしその時は、その体験を表現するに際し、ほぼ間違いなく、「イエスは現れた」というキリスト論的表象にはなり得なかったであろう。死体が目の前にあるからである。しかしながら、キリスト論的表現ではなく、神論的表現なら十分可能だったであろう。つまり、「神が現れた」という表象、あるいはその変形であるところの、「神の栄光を見た、神の霊が現れた、神の使いが訪れた」等の表現である。そしてさらには、その「現れ」方は本質的に肯定的エネルギーの具現であるから、「神」は磔殺されたイエスとその活動とを改めて嘉《よみ》された、イエスは神に呪われて死に果てたのではない、むしろ神の意志に従って死んでいったのだ、という肯定的な確信を生んでいくことが想定されるであろう[13]。

これでも、一つの新しい運動は生じうる。特に、イエスの宣教を再び取り上げて、いわばその衣鉢を継ぐ形で弟子たちが宣教し続けるような事態は十分可能である。しかしながら、私たちの知るような「キリスト論的」展開は望めないはずである。すなわちイエスは、その死体がなくなって初めて、弟子たちに対してその衝迫力と拘束力を徹底化するのである。そうすると、イエスの死体がなくならなかったら、いわゆる「キリスト教」は発生しなかったことになる。そうであれば、死体遺失という、私たちの目には偶然事とも見える事態の持つ特殊な意義が一層明らかになるであろう。

8　絶対的生命の体験

それでは、イエスの遺体消失という事実を背景に「イエス顕現体験」として現出した直弟子たちの体験は、本質的には一体何であろうか。私には、これは意識の飛躍覚醒体験の一つであったと思われる。ある強度に追いつめられた状況の中でそれまでの自己意識が崩壊した人間には、何かの瞬間――ジェイムズ(W. James)の表現によれば「自己放棄」[14]を生むような瞬間――を契機として、突然意識の地平が一変して開かれることがある。出口なしの否定一色のヴィジョンからそのまま無限肯定のヴィジョンに一転するのである。ヨガの究極体験や禅仏教における大悟、浄土真宗の阿弥陀仏体験、イスラム教スーフィズムの絶対者認識、あるいは多くのキリスト教神秘家たちの神体験に共通して見出される体験類型である。これはいわゆる「宗教」の領域だけではなく、日常生活の中でも――とりわけある限界状況を通過する際に――生じうる[15]。その体験の内実を、一つの最大公約数的な共通項をもって表記すれば、一般の生と死を突き抜けた、あるいはいったん死んだあとの絶対的生命とも言うべきものの覚醒である。私は直弟子たちに起こったものを、基本的にはそうした意識の基幹構造の変貌現象と捉えたい。そして、その体験の出来事は、彼らが置かれた状況と、与えられた表象素材に規定・促進されて、固有の言語化・表象化を遂げて表現されるのである。つまりその覚醒体験は、ユダヤ教の世界の中で、ナザレのイエスというカリスマ的人間に信従した過去と、その惨殺の衝撃および直後の「空の墓」の事実を所与の事態として表象化される時、イエス自身が絶対的生命の姿で「現れた」という言辞となって表出したものと理解される。したがって、この根源体験は、鍵となる「空の墓」という所与条件が逆に全く存在しなかった場合は、相当に異なる表象の中へ言語結晶化したであろうことが想定されるのである。

もっとも、私はここで、直弟子たちはある宗教体験をし、それを言語的に反省する中で、イエスの顕現という表現を選択した、つまり「解釈」を施したとは言っていない。そのような理性的な思索過程ではない。こうした体験が表象化されるのは、瞬時の業《わざ》である。いわば深層レベルでの心的発火が、潜在意識での表象エネルギーの結晶化に転じ、意識レベルに躍り出たのであろう。さきにも引いたジェイムズは「回心」体験における潜在意識の決定的役割を強調したが、(16)同様の識閾下領域での表象化作用が想定されるのである。言語的反省がなされるとすれば、その後の話である。

終わりに

イエスが磔殺された後の痛恨の果てに、直弟子たちのある部分は一つの絶対的生命の体験に遭遇する。その体験は、イエスの墓が空になってしまったという事実を背景に、いなくなったイエスの「顕現」という発現形態をとった。また彼らは、ここから、イエスが死者たちの中から「起こされた」すなわち「復活」させられた、として表現していく。ここに「復活」信仰が成立する。

したがって、もしイエスの死体が遺失することがなかったなら、直弟子たちが出会った生命体験は、「顕現」および「起こし」という表象をとることはなく、「神」中心の別様の表現になっていたであろう。

ここから帰結されることは、当時の人々の語った「イエスの起こし」とは、ユダヤ教的表象世界における、そして特定の所与条件下における表現であったということである。このような理解は、「起こし」すなわち「復活」表象の一種の「非神話化」を意味する。(17)「キリスト教はいいが、ただあの『復活』だけは信じられない」という人が多い中で、このような理解が一つの新しい可能性を示唆してくれれば幸いである。

ただし、最後に一つ付加しなければならない。直弟子たちは、このような体験とそれを表象化する心的プロセスを通ったが、そのことは彼ら自身がその体験に見合う形でその後生き抜くことができたか、あるいは彼らの脳裏にあるイエスと同じ質の生を現実の世界で貫き得たか、という問題とはまた別物である、ということである。超越的生命の体験は、それだけでは必ずしも現実の生の深さと鋭さを保証するものではなく、また現実の生の中に自動的に昇華されていくものでもない。かえってその中に独善的に居残ってしまう危険性すらないわけではない。この点で、かの体験を経た直弟子たちをそのまま「聖人」化するのは、当たらない。実際、エルサレム原始教会の主流部分は、やがて相当に「保守」化していくのである。(18)キリスト教全体としても、この後、イエスの「死と復活」の一点を告知の中心内容とし、イエスがどのように生きて磔殺されていったかは捨象されていく傾向が出てくる。捨象というのが言い過ぎならば、少なくとも強調は置かれなくなっていく。確かに、超越的体験をいかに現実の生に結びつけ、その中に体験そのものを肉化していくか、それこそまさに至難の業であろうし、その点においてこそ、何か特別の要素の介在が緊急に必要となるのかもしれない。この点の論究は、しかし本論の枠を大きく越えるものである。

(1) H. F. v. Campenhausen, Der Ablauf der Osterereignisse und das leere Grab (1952), in: ders., Tradition und Leben, Tübingen 1960, pp. 48-113.(『空虚な墓』蓮見和男・畑祐喜訳(新教新書)、新教出版社、一九六四年、三―六五頁。――ただし訳は判りにくい点あり)

(2) H. Conzelmann, Art.: "Auferstehung", RGG I, 1957, Sp. 700.

(3) 墓は当時ユダヤのおそらく名士の一人「アリマタヤのヨセフ」の墓であったから(マルコ一五43とその並行記事参照)、場所は周知だったはずである。

(4) 特にH. W. Wolff, Anthropologie des Alten Testaments, München 1973, ²1974, その pp. 21-123 参照。

(5) R. H. Gundry, Matthew, Grand Rapids ²1994, p. 585; カンペンハウゼン『空虚な墓』二八頁参照。

(6) ユスティノス『トリュフォンとの対話』108、テルトリアヌス『見せ物について(de spectaculis)』30。なお、E. Klostermann, Das Matthäusevangelium (HNT 4), Tübingen ⁴1971, p. 226; カンペンハウゼン『空虚な墓』三四、一二八頁注三六参照。また福音書記者マタイは、「祭司長たちとファリサイ人たち」が総督ピラトに次のような言葉を告げたと物語ってもいるが、これも同様の背景をもとに構成されたものである。「……三日目まで、墓の警備をするように命じてください。そうでなければ、彼の弟子たちがやってきて、彼を盗み、『彼は死人たちの中から起こされた』などと民に吹聴するでしょう」(二七64)。

(7) マルコ一六8bによれば、女たちは「恐ろしい」あまり、「誰にもひとことも言わなかった」というが、この箇所がマルコの編集に帰すことは現在ほぼ定説である。

(8) カンペンハウゼン『空虚な墓』五八頁。

(9) J. Klausner, Jesus von Nazareth, Berlin 1930, p. 496.

(10) ペトロへの顕現はガリラヤで生じた、というカンペンハウゼンの想定(『空虚な墓』五六―五九頁)は、確かな根拠があるわけではない。

(11) 創一二7、出三2、レビ九23、士六12、王上三5など多数。

(12) これは一般に「贖罪論」と言われているものであるが、今はこの曖昧な、誤解を招きやすい表現に関わる必要はない。

(13)　イエスの死体がなくならなかったとしても直弟子たちに生じ得たであろう認識変貌の現象とは具体的にどのようなものであり得るか、それを示唆するような例を参考までに挙げておこう。ドストエフスキーの『カラマーゾフの兄弟』の中の、主人公の一人、アリョーシャ・カラマーゾフの「回心」の場面である。

自分の敬愛する、聖なるゾシマ長老の死を体験したアリョーシャは、その死の直後、長老の遺体が悪臭を発し始めたことに甚大な衝撃を受け、ほとんど自暴自棄になる。しかしその後、ゾシマ長老の亡骸の横たわる僧院に戻ると、夢に長老と「カナの婚姻」の場に共に与る夢を見る。感動のうちに目覚めた彼の前には、今なお長老の遺体がある。しかしこれが契機で、彼の心にある地滑りが起きるのである。彼は急いで夜の庭に走り出ると、満天の星影の下、大地にひれ伏した。こうして、「彼はあの丸い夜空のように堅固でゆるぎのないものが、しだいに自分の魂の中へ下りてくるのを、刻一刻はっきりと、まるで触知できるかのように感じていた。ある観念とも言うべきものが、彼の知性を支配しつつあった。……アリョーシャはそののち一生のあいだ、決して決してこの瞬間のことを忘れることができなかった。『あのとき誰かが僕の魂を訪れたのだ』とのちに彼は、この言葉に固い信念をこめてよく語った」(『カラマーゾフの兄弟』「第七編・アリョーシャ、その四・ガリラヤのカナ」の結末部。引用は池田健太郎訳〔中公文庫〕)。

アリョーシャのゾシマ長老に対する関係と、後者の死をめぐる事態が、直弟子たちのイエスに対するあり方や状況とある種の並行を示しているのが分かる。このアリョーシャと類似の形の認識の変貌なら、イエスの死体がなくならなくとも、直弟子たちの心意識に生じ得たと思えるのである。

(14)　『宗教的経験の諸相』上、桝田啓三郎訳、岩波文庫、一九六九年、三一二頁以下参照。

(15)　類似の現象もいくつか収集されている最近の文献として、安藤治『私を変えた〈聖なる体験〉』春秋社、一九九五年を挙げておく。

(16) 前掲書(『宗教的経験の諸相』上)、三一三頁以下参照。

(17) この作業は、かの非神話論者ブルトマン(R. Bultmann)が決してやろうとしなかったことである。彼にとっては、原始キリスト教宣教の核心である「イエスの死と復活」は、非神話化の攻撃に晒されることのない聖域であった。

(18) ガラテヤ二章における、パウロとペトロその他との相互対決の事件を見よ。

第５章　キリスト教はどこまで寛容か

――キリスト教を再定義する試み――

１　予備的考察

テーマとしてクリスチャン・アカデミーから与えられた「キリスト教はどこまで寛容か」という題をじっと見てみますと、二つの主テーマがすでに組み込まれているのが分かります。一つは「寛容」ということ、もう一つは「キリスト教」ということ。実はこの二つとも、決して自明の対象ではありません。今日の話はそうした点の考察ですが、内容的に「キリスト教」の再検討が主題になると思います。(1)

１・１　「寛容」とは

まずは「寛容」という言葉一般について考えることから始めたいと思います。ここにおける「寛容」という言葉は、tolerance/tolerant という英語の概念が背後にあると考えていいでしょう。これはラテン語の tolerare に遡り、原義は「堪《た》える、こらえる」という意味です。それを踏まえつつ、東京医療保健大学教授の菅原伸郎氏は、「寛容」を次のように定義しています――「自己の信条とは異なる他人の思想や信条や行動を許容し、また自己の思想や信条を外的な力を用いて強制しないこと[2]」。

1・2　可変的な「寛容」

このような「寛容」を観察しますと、ある本質的事態に気づきます。つまり、「寛容さ」とは、誰かの性格や人となりを表しているのではなく、一つの関係論的(relational)な概念であるということです。そのため、「寛容」という言葉には、実は本来的な曖昧性、可変性が付随しているということです。

そもそも、どのような状況の、誰に対して「寛容」なのかが問題になるでしょう。相手が異なれば、またその相手の状況が異なれば、「寛容」自体が変容するのです。また、さらにはその際、「自己」の立場をどのように理解しているか、また自分がどのような状況にいるか、によっても「寛容」は変わります。つまり、相手も自分も、実は変数なのです。また、寛容に「許容」する時でも、その許容の様態にはいろいろあります。遠くから黙認する場合、近くで黙認・許容する場合、はっきりと批判しつつ認容する場合、そして好意的・積極的に「受容」する場合、という具合に消極性と積極性の間で様態は変動するでしょう。また大事なのは、「許容」の動機づけないしは目的です。これは外的に見れば、恐怖ないし利害・損得という要素が考えられます。どうしても共存しなければならないという事態も、一種の利害でしょう。他方、内的に見れば、「寛容」に応対することで自己を内的に強化できる、安心しうる、あるいは自己の内的価値を高めうる等があるでしょう。さらに積極的になれば、寛容さを示すことで、自己深化ないしは進化ができるということもあるでしょう。あるいはそれによって自分が一層肯定的に変貌しうるという期待もあると思います(最後の例は、これを果たして「寛容」と呼べるかどうか問題かもしれませんが)。そしてこれらの要素のすべてが、時間と共に変容しうるのです。可変的だということは、時間という要素に従っているということです。――これを要するに、「寛容」と一口に言っても、実は大きく変質可能な関係性を問題にしているということをまず確認したいと思います。

１・３　標題の背景

以上の観察を踏まえて、再び発表タイトルに戻ります。「キリスト教はどこまで寛容か」――このような問題が、私にとってのテーマとして設定された背景について、まず考えてみたいと思います。

１・３・１　キリスト教の「不寛容」性

このような題は、「キリスト教(徒)はそもそも寛容ではない」という一般的理解を前提にしていると思われます。事実、キリスト教の歴史は、「不寛容」な暗い事実に満ちています。古代における「異端」問題、中世の魔女狩りと十字軍、近代の帝国主義のお先棒担ぎなどが代表でしょう。この点はさまざまな告発的研究[3]もあり、今は改めて触れることをしません。

むしろ、このタイトルの背後の関心は、現在のキリスト教徒がどのように考えているか、ということかもしれません。そこで、現代キリスト教の代表的神学者を挙げ、その「寛容」の立場をスケッチしてみましょう。二〇世紀で最も有名な神学者と言えば、K・バルト〈一八八六—一九六八年〉でしょう。彼は四〇歳代の初め頃、次のように発言しています。

キリスト教宗教の真理は事実、ただイエス・キリストという一つの名の中だけに含まれていて、他の何ものの中にも含まれていない。……すなわちそれ〔キリスト教宗教〕が、そしてそれのみが、真実の宗教である……。

（『教会教義学』I, 2§17 : 1938）

つまり、「真理」には「イエス・キリスト」という名前が不可欠であって、それを含まない他の一切の宗教は「真理」ではあり得ないということです。しかし、まさに上に述べたように、時間が経つにつれ、この彼の不寛容な厳しさは際立った変貌を遂げます。二〇年後に彼はこう書きます——

〔教会は〕自らが向けられているすべての人々、おのおのの人間のうちにおいて、確かに未だ現実的ではないが、しかしすでに事実上は、潜在的には、一人のキリスト教徒と関わっているのである。

（同 IV, 3§69 : 1959）

ということは、非キリスト教者も、すでに「潜在的」なキリスト教者、あるいは「キリスト教徒になるように指名された者」(Christianus designatus)、「希望の中ではキリスト教徒である者」(Christianus in spe)と言うのです。すなわち、時至らば、彼らも間違いなくキリスト教徒に改宗する、というわけです。

他方、同時代のカトリックの神学者K・ラーナー(一九〇四―八四年)は、非信仰者たちは本質的に「無名のキリスト教者」(anonyme Christen)であるに過ぎない、と言い切ります。異教はしたがって、その実、「無名のキリスト教」(anonymes Christentum)であることになるのです。[4]

こうしたキリスト教神学者たちの寛容化が、これまでのキリスト教の傲慢かつ非寛容なあり方への反省の上に成り立っていることは、想像するに難くありません。もっとも、そうは言っても、バルトにしろラーナーにしろ、イスラム教徒や仏教徒から、キリスト教徒はいつかは「イスラム教徒になるように指名された者たち」であるとか、「無名の浄土教徒」であると言われた時、それを素直に肯定できるかというと、疑わしいと思います。つまり、最後の一点では、譲ることのできない自己規定を保持しており、その自己規定をできるだけ寛容に拡大したのが上述の態度だということになります。厳しく見れば、そう言わざるを得ないでしょう。

つまり、「一神教」である限り、キリスト教の「寛容」さには限界があるのではないか、ということになります。「一」とは、排除の論理としての「一」ではないか。したがってキリスト教徒は、最終的には、徹底的に寛容にはなることはあり得ないのではないのか。あるいは、(キリスト教徒の立場からすると)なってはいけないのではないか、という問いがどうしても出てくるのです。

1・3・2　キリスト教界のアイデンティティ危機

しかし一方で、「本来のキリスト教(徒)はどうなのか」という疑問も、「キリスト教はどこまで寛容か」という題には潜んでいる気がします。つまり、現在のキリスト教は、果たして本来の姿をしているのか、という疑問です。これは実は、現代のキリスト教がそのアイデンティティをはなはだしく喪失している事実に裏打ちされた、深刻な疑問なのです。

かつて欧米は圧倒的なキリスト教国でした。しかし二一世紀初めの今は、欧米が急速に他宗教化しているのが分かります。諸宗教の共存がヨーロッパにおいてもアメリカにおいても不可避の課題です。さらに加えて、キリスト教の内部そのもので、統一的なアイデンティティが見えなくなってしまったというのが実情なのです。このために、キリスト教徒自身の自己意識が、実のところ恒常的な不安に晒されることになってしまっているのです。

そもそも、「キリスト教」という統一的意識は、四、五世紀に東方正教会が西方カトリック教会から別れていった時から亀裂を抱えてきたのでした。その分裂意識は、カトリック世界の中に宗教改革でプロテスタントが発生して以来、より一層明らかになりました。加えてプロテスタントはその後も各派が乱立し、統一的なキリスト教の定義がますます困難になって今に至っているわけです。

加えて、(日本も含めた)いわゆる発展国においては、キリスト教の「慣習形式」化が進展し、キリスト教を代表するものが「クリスマス、結婚式、告別式」の「３K」(?-)になりつつあります。このままいきますと、欧米(および日本)のキリスト教はやがて慣習文化のみと化し、歴史文化的には一種の「世界遺産」として博物館入りになりかねません。他方、世界のそこかしこでは、特に九・一一(二〇〇一年九月一一日の、ニューヨーク世界貿易センタービルなどへのテロ攻撃)以降「キリスト教右派」が台頭し、政治力・軍事力と結託するという現象が起きています。こうした状況下で、どのようにしてキリスト教的アイデンティティを刷新するのか、五里霧中であると言えるでしょう。

さらには、神観・キリスト観の時代精神史的変貌という事態があります。「天におわします神様」と言われてきた実体表象は、いくら宇宙空間に昇っていっても天国にたどりつくわけではないことが常識になった今、そのままの形では崩れてしまっています。また、現代聖書学の動向も気になります。伝統的なキリスト教的世界観を根本から問い直してくるからです。さらには神学者の中にも、キリスト教の独一性を鮮明に否定する見解まで現れました。宗教複数主義[5](religious pluralism)を標榜するJ・ヒックは、次のように語っています——

> 神はキリスト教の教会《チャーチ》や礼拝堂《チャペル》の中だけではなく、ユダヤ教の会堂《シナゴーグ》、イスラム教寺院《モスク》、シク教寺院《グルドヴァーラ》、ヒンドゥ教寺院《モスク》の中でも、異なりはしても重なる心象を介して礼拝されているという事実を知ることは、その神がまさしく人類全体の神であって、われわれ自身の親しい同族だけの神ではないと、新たな方法で知ることにほかならない[6]。

最後に、特にドイツを中心としたヨーロッパで赤裸々なことですが、キリスト教における「直接体験」の枯渇を挙げておきます。これまでの主知主義的なキリスト教から、魂の荒廃を癒すようなものが一切聞こえてこないことへの、やり場のない落胆と不満です。教会の「説教」で満たされるのは皆無という時代に突入してしまったのです。牧師養成所を兼ねる大学神学部は、軒並み規模および人的資源の大幅な削減に晒されています。

したがって、キリスト者ならほとんど誰でも、「将来のキリスト教」はどうなるのか、不安の只中にあるでしょう。果たして次に何がくるのか。新たな「キリスト教的アナーキー」が拡散するのか。また、他宗教とはどうつき合うのか。中庸的「寛容主義」でしのいでいくか、あるいは新たな「混交主義」がはびこるのか。それとも何らかの仕方で、異次元が開けるほどの可能性があるのか。

こうした中で、「本来のキリスト教とは何か」を真剣に考え、討論し、恐れずに新しい道を試みるという作業は、もはや後がない、崖際の緊急事になってしまったのです。

その際に、方法論的にまず真剣に観察しなければならないのは、「元来のキリスト教」はどうだったのか、という問いです。いわば原点に帰って考察するという道です。そこで、「初期教会史」は何を語るか、が問われます。とりわけ「グノーシス派」をどう捉え直すか、真剣な検討が必要です。しかしそれにもまして、歴史上、本当に生きたイエスはどうであったのか、そしてそのイエスとどのように関わるのかが問われねばなりません。もっともこれは、多くの人が意識的・無意識的を問わず、強く感じていることです。公称ではキリスト教徒が人口の一パーセントにも満たない日本でも、イエスについての本が出ると必ずよく売れるという出版事情は、はからずもそれを反映しています。

1・4　話の方向性

以上、随分長い予備考察になりましたが、本題に入りたいと思います。まず前提として言っておきたいのは、私が「寛容」をできる限り積極的に捉える可能性を考えているということです。つまり積極的にとは、「自己変貌」まであり得るような「寛容」さの可能性まで視野に収めるということです。それはどういう意味であり得るのかを考え、また、「キリスト教」に関しては、思い切って「キリスト教」の再定義を提案したいと思います。キリスト教は一般に、「イエスをキリストと告白する宗教」と定義されますが、この定義は明らかに機能不全に陥っています。とりわけ、キリスト教のアイデンティティを新たにするためには、キリスト教の定義そのものを新たにしなければならないと思うのです。以上の二つの内容を噛み合わせてお話しすることになります。

2　「キリスト教」をどう捉え直すか

2・1　伝統的キリスト教

普通、私たちは、「キリスト教」というと、ナザレのイエスに始まった宗教と考えがちですが、これは正確ではないのです。イエスには新しい宗教を作ろうという気は全くなかった。それはその後のパウロも同じです。ですから私は、「ユダヤ教イエス派」と呼んでいます。よく言う、「ファリサイ派」とか「エッセネ派」などと呼ばれる意味で「イエス派」と言って決して間違いではない。それがユダヤ教から分離して独自の「キリスト教」になるのは、ユダヤ戦争（六六―七〇年）の後、紀元一世紀の終わりにかけてなのです。それでもまだ完成などしておらず、宗教としてはよちよち歩きの状態です。やがて二世紀に教会制度が「監督／司教」を中心に整えられ、また「正典」も実質的に編まれて徐々に体制が確立されていきます。そして四世紀から五世紀半ばにかけて、キリスト教は初めて「カトリック」として成立するのです。その間四〇〇年あまり。日本史に置き直せば、ちょうど徳川時代の冒頭に始まった動きが、現代の今に至って初めて確立されたということになります。そう思えば、その息の長さが実感できるでしょう。

そのようにして出来上がった「キリスト教」を規定する二大信条(Symbolum)を参考までに掲げておきます。一つは四世紀成立の「ニカイア・コンスタンティノポリス信条」、もう一つは四五一年のカルケドン公会議で決議されたという「カルケドン信条」です。前者はいわゆる「三位一体」説を確定したもの、後者はイエス・キリストが真に「神にして人である」という両性説を標榜したものです(もっとも、実質的な比重は明らかに「神」であるイエスに置かれていますが)。この二つとも、西方教会(カトリックと後のプロテスタント)と東方教会(いわゆる正教会)の双方が承認するところとなっています。いわばこれが「キリスト教」の礎石であると見て間違いないでしょう。

「ニカイア・コンスタンティノポリス信条」

我らは、全能の父なる唯一の神、天と地、すべて見えるものと見えざるものとの創造者を信ずる。／また、我らは、唯一の主イエス・キリスト、あらゆる代の先に御父より生まれ給える、神の生み給える独りの御子、光より出でたる光、真の神より出でたる真の神、生まれ給いて造られず、御父と同質たる御方を信ずる。万物は、主によりて成り、主は我ら人間のため、また我らの救のために、天よりくだり、聖霊と処女マリヤとによって肉をとって人となり、ポンテオ・ピラトの時、我らのために十字架につけられ、苦しみを受け、葬られ、聖書に応じて三日目に甦り、天に昇り、御父の右に坐し、生ける者と死せる者とを審くために、栄光のうちに再び来り給う。その御国は終わることがない。／また、我らは、聖霊、主となり活かし、御父より出で、御父と御子と共に礼拝せられ崇められ預言者らを通して語り給う御方を信ずる。／我らは、一つであって聖き公同たる使徒的教会を信ずる。我らは罪の赦しのための一つなる洗礼に同意を告白する。我らは、死人の甦りと来るべき代の生命とを待ち望むのである。[7]

「カルケドン信条」

……我らの主イエス・キリストは唯一かつ同一の御子である。この同じ方が神性において完全な方であり、この同じ方が人間性において完全な方である。この同じ方が真に神であり、また真に、理性的な魂と肉体から成る人間である。この同じ方が神性において御父と同一本体《ホモウシオス》の者であり、かつまた人間性において我々と同一本体《ホモウシオス》の者である。「罪を犯されなかったが、あらゆる点において、我々と同じである」[8]。神性においては、代々に先立って御父から生まれたが、この同じ方が、人間性において、終わりの日に、我々のため、我々の救いのために、「神の母《テオトコス》」なる処女マリアから生まれた。この方は唯一かつ同一のキリスト、主、独り子として、二つの本性において混合されることなく、変化することなく、分割されることなく、分離されることなく知られる方である。このように合一《ヘノーシス》によって二つの本性の相違が取り去られるのではなく、むしろ双方の本性の固有性は保持され、唯一の位格《プロソーポン》、唯一の実体《ヒュポスタシス》に共存している。
この方は二つの位格に分けられたり、分割されたりせず、唯一かつ同一の独り子なる神の御子、
言《ロゴス》、主イエス・キリストである……。[9]

このほか、ニカイア・コンスタンティノポリス信条とも似ているが起源が異なり、西方教会でのみ広まったものに「使徒信条[10]」があります。多くの教会では今も唱えているはずです。問題はしかし、こうした信条が今も本当にキリスト教徒の内的確信になっているか、ということです。このままの言葉では、もはや現代人にはほとんど通用しないのが現状でしょう。仏教の「陀羅尼[11]」のように、意味が全く分からずとも音だけでありがたい、というなら別です。キリスト教の信条はそれなりに見事に翻訳されて、意味が通じているという格好になっているだけに、やっかいなのです。読んでも決してぴったりと心に響かない。これではキリスト教の姿は、この後も一層「化石」化して、慣習博物館の中で存続するしかなくなります。それとも、初めて根本的に革命化されて生命を吹きかえすのか——今事態はその瀬戸際にいると言って過言ではないでしょう。

2・2　ナザレのイエスへの遡源

それではどのようにキリスト教を再定義するのか。そのための重大な一方法論として、ナザレのイエスに遡源するという道を避けることができないと思われます。すなわち、イエスという存在がいかなる存在であったかの再検討です。

2・2・1　聖書学の必要性——前提として

このためには、聖書学、とりわけ新約聖書学との対話が必須の道になります。これは私が新約聖書学をやっているので、手前味噌のように響くのですが、私としてはどうしても言っておかなければならない。そのことに触れるとすぐさま、新約聖書学のような相対的な人間の判断に頼るわけにはいかない、あれほど研究者が勝手に物を言っている自称学問はない等々、不満と反論が山ほど聞こえてきます。私は、新約聖書学との対話だけで一切が済むと言っているのではなく、それなしでは済まない、と言っているのです。確かに、新約聖書学およびその中のイエス研究にも決して統一はなく、多大な混乱もあります。しかし、これとの対話を抜きにしては、現代以降のイエス像が立ちゆかないということも事実なのです。聖書学を拒否して自分のイエス像のみを是とするとなれば、自分に心地よい「イエス様」像を造って偶像崇拝をしていると言われても反論できないでしょう。日本の教会は特に新約聖書学に対するアレルギーが強いような気がしますが、それでは前に進めないのです。

そしてもう一つ。確かに新約学の中のイエス研究は多様なものです。しかしそれでも、現代の研究者ならほぼ全員一致していることがあります。それはイエスを人間として見る、ということです。イエスを頭から「神」あるいは「神」のごとき者であると見て事にあたることをせず、時代の状況の中で生まれ、生き、そして殺されていった人物として見るということです。多様なイエス研究のこの収束点はきわめて重要です。これは、一九六〇年代以降なら、(元来保守的傾向の)カトリックの新約聖書学者でもそうです。新約聖書学の中でカトリックの教義に触れるようなことを言っても、新約聖書学の中だといういことで、そうした発言もかなり大目に見てもらえるようです。そもそも、そうでなければ議論にならないのです。

2・2・2　イエスの「寛容さ」

それでは、イエスをどう見るかということになります。特に、今日のテーマである「寛容」にテーマを絞る形で考えていきましょう。

a　善きサマリア人の譬話

イエスの「寛容」問題を論じる上で最適のテキストの一つは、俗に言う「善きサマリア人の譬話」(ルカ一〇30-36)でしょう。

ある人がエルサレムからエリコに下って行く途中、盗賊どもの手中に落ちた。彼らは彼の衣をはぎ取り、彼をめった打ちにした後、半殺しにしたままそこを立ち去った。すると偶然にも、その道をある祭司が下ってきた。しかしその人を見ると、道の向こう側を通って行った。また、同じように一人のレビ人も現れ、そのところへやってきたが、その人を見ると、道の向こう側を通って行った。さて、あるサマリア人の旅人が彼のところにやってきたが、彼のあり様を見て腸《はらわた》のちぎれる想いに駆られた。そこで近寄ってきて、オリーブ油と葡萄酒を彼の傷に注いでその傷に包帯を施してやり、また彼を自分の家畜に乗せて宿屋に連れて行って、その介抱をした。そして翌日、二デナリオンを取り出して宿屋の主人に与え、言った、「この人を介抱してやって下さい。この額以上に出費がかさんだら、私が戻ってくる時あなたにお支払いします」。この三人のうち、誰が盗賊どもの手に落ちた者の隣人になったと思うか。

これは現在の研究者の大部分が、イエスに直接遡ると判断する物語です。これは内容的に見ると、「サマリア人に親切にされた人の譬話」という方が正しいのです。ここで「盗賊どもの手中に落ちた」人は明らかにユダヤ人で、その人の目から書かれているからです。他方「サマリア人」とは、サマリアという行政区画の中の人という意味ではなく、「サマリア教徒」という意味です。これは紀元三世紀頃、ユダヤ教から別れてゲリジム山に神殿を構えた、ユダヤ教徒からすればいわば兄弟げんかをして袂をわかった相手です。イエスの当時も、程度の差はあれ反目し合って生きていた間柄と言えます。したがって、ユダヤ人が半殺しの目にあって倒れていれば、「道の向こう側を通って」知らんぷりをするのはサマリア人のはずなのです。それがここでは全く逆になる。この彼は、「腸《はらわた》のちぎれる想いに駆られ」、誠意の限りを尽くしてユダヤ人を助けるのです。お互いの宗教的反目は全く埒外に置かれています。それはユダヤ人からすればどれほどの驚きであったか――そこにこの話のポイントがあります。このサマリア人をいわゆる「神」の単純なメタファーと取ると、意味が全く喪失してしまいます。

つまりこの譬話でイエスは、意識的に宗教的対立を忘却した次元を指示し、そこにおける最も驚嘆すべき人間のあり方を提示しているのです。「寛容」か否かという問題意識すら、吹き飛んでいる。出会った人間の苦悩への、われを忘れた共感と即座の行動のみが光っています。

b　その他の発言　イエスのこの「寛容」な視座は、この箇所以外にも明瞭に見て取れます。

天の父は、悪人たちの上にも善人たちの上にも彼の太陽を上らせ、義なる者たちの上にも不義なる者たちの上にも雨を降らせて下さる。
（マタイ五45並行）

この有名な句は、神が善人を誉め、悪人を罰するという図式からは遥かに隔たっています。それは、自分を「善人」と見て、他に悪人を見出す見方にイエスがなじんでいないことを示唆します。

ヨハネが彼に言った、「先生、私たちは、ある者があなたの名で悪霊どもを追い出しているのを見ましたので、止《や》めさせようとしました。その者が私たちに従わなかったからです」。しかしイエスは言った、「止めさせてはならない。私の名で力ある業を行ない、すぐその後で私の悪口を言えるような者はいないからだ。私たちに逆らわない者は、私たちに味方する者なのだから」。
（マルコ九38－40）

……そこで彼らは先立って行き、彼のために備えようと、サマリア人たちのある村に入った。しかし彼らは彼を受け入れなかった。彼の面がエルサレムに向かっていたからである。これを見て、弟子たちのヤコブとヨハネは言った、「主よ、天から火が下り、彼らを焼き払うように私どもが命ずることをお望みですか」。彼はしかし、振り返って彼らを叱りつけた。

（ルカ九52－55）

これら二つの箇所は、文面としてはイエス以後の創作である可能性がありますが、イエスの決して自己絶対化しない側面を彷彿とさせて興味深いものです。つまり彼には、いわば「自己インフレーション」（自己の価値の肥大評価）にともなう教条主義がないのです。どこか、見ているものが異なるのです。それはなぜか。

c　イエスの「罪」意識

さきほどのカルケドン信条には、イエス・キリストは「罪を犯されなかったが、あらゆる点において我々と同じである」というヘブル書四章15節の引用がありました。しかし、これはおかしなことです。「罪」を除いたら、どの点で私たちと本当に同じになるのでしょう。結局イエスは、実質的に「神」のままなのです。イエスをこうして原理的に「罪」から隔絶しようとしてきた点に、これまでのキリスト教のイエス把握の最大の欠陥があると思うのです。

私は逆に、イエスには人並み以上に鋭敏な「罪」意識があったと思っています。もっとも、「罪」と言えば、当時のユダヤ教ではトーラー(12)に逆らうというテクニカルな意味合いがありますが、そういう次元の意識はイエスのものではありません。しかし広義の「罪」、あるいは他を利用して己の益を計る「悪」の淵源が自分にあるという意識、そしてそのための「負い目」の意識は、イエスにはきわめて強いものがあったと思うのです。

また、なぜあなたは、自分の兄弟の目にあるちり屑を見て、自分の目にある梁には気がつかないのか。あるいはあなたはどうして自分の兄弟に、「君の目からそのちり屑を取り出させてくれ」などと言うのであろうか、しかも見よ、あなたの目には梁がある〔ではないか〕。偽善者よ、まずあなたの目からその梁を取り出すがよい、そうすればその時こそ良く見えて、あなたの兄弟の目からそのちり屑を取り出すこともできるであろう。

（マタイ七3-5並行）

イエスはここでは、「あなた」という他人に向かって批判している形をとっています。しかし、この認識を彼はどこで得たのか。目の中の「梁」に人が気づくのは、実は自分の目の中にそれがあることを悟ったとき、そのときこそ最も切実に気づくものです。イエスもそうではなかったのか。

「**あなたは殺すことはないであろう**。殺す者はさばきに定められるであろう」と古《いにしえ》の人々に言われたことは、あなたたちも聞いたことである。しかし、この私はあなたたちに言う、誰でも自分の兄弟に対して怒《いか》る者は、さばきに定められるであろう。

（マタイ五21-22）

有名な山上の説教の「アンチテーゼ」と言われている部分の初めの句です。しかし、怒ると言えば、誰よりもイエスが怒る人でした。彼は決して、キリスト教会でイメージされているような、穏やかで静かな風ではなかった。むしろ、預言者的パトスが巨大な怒りとなって彼の原動力を支えていたと言っていいでしょう。怒りゆえに「さばきに定められる」ことが己の宿命と知っていたのは、イエス自身に相違ないのです。

「あなたは結婚を破ることはないであろう」と言われたことは、あなたたちも聞いたことである。しかし、この私はあなたたちに言う、誰でもある女を見ながら、彼女への欲情を覚えてしまう者は、自分の心の中ですでに彼女の結婚を破ったのである。（マタイ五27-28）

これはアンチテーゼの第二の文句です。一般には「姦淫」と訳されるものを、今回は文字通り、「結婚破り」と訳してみました。つまりこれは、「みだらなことをする」という次元のことではなく、相手の女性の結婚を破壊するという意味なのです。つまりこの状況では、対象の女性は人妻です。そうするといつもと異なった色彩に見えてきはしませんか。人妻に欲情を起こしてしまう、それは心の中で彼女の結婚を破ったも同然だ、というのです。一体イエスは、どこからこのような知見を得たのか。普通には、彼は全知全能の神の子だから、そうしたことも分かるのだ、ととります。あるいはイエスほどの人は、他人を観察すれば分かるのだと。しかしこれでは思考停止ではないでしょうか。思うに、こうしたゆゆしき知見は、自己の内を覗くことによってしか得られないものです。イエスも、どこかの人妻に図らずも心惹かれたのでしょう。その苦しい情念を鋭く告発する自分のもう一方の声があったに違いないのです。

イエスは身を起こして、彼女に言った、「女よ、彼らはどこにいるのか。誰もあなたを断罪しなかったのか」。彼女は言った、「主よ、誰も」。イエスは言った、「私もあなたを断罪しない。

もう行きなさい」。（ヨハネ八10－11a）

これは有名な「姦淫の女」（つまり結婚破りの女）の物語の最終部分です。「あなたたちのうち、まず罪のない者がこの女に石を投げよ」とイエスに言われ、年上の者から一人、また一人と去っていったというのです。そして最後にイエスとその女のみ残った。そこでの会話です。問題は、ここで「私もあなたを断罪しない」とイエスが言うときの、「私も」です。これは、「私もあれらの者たちと同類である。だからあなたを断罪しない、する資格がない」という意味ではないでしょうか。このエピソードの深刻さは、そのようにして初めて十全に開示されます（因みに、最近の研究によれば、「もう行きなさい」の後の、「これからはもう罪をやめなさい」という言葉は、このエピソードが後代にヨハネ福音書の中に挿入されるとき、勧告的に付加された言葉であることが明らかにされています）。

また、私たちの〔もろもろの〕負債をお赦し下さい、私たちに負債ある者たちを、私たちも赦しましたように。（マタイ六12並行）

最後に挙げた例は、有名な主の祈りの一節です。普通はこの「私たち」の中にイエス自身を加えません。イエスが弟子たちに教えた祈りだから、「私たち」は弟子たちの共同体を意味するのだ、と言います。私はしかし、これがイエスの祈りであることを強調すればするほど、この「私たち」

はイエス自身を含むとしか考えられません。イエス自身が「神」に「負債」の赦しを祈らずにはいられなかったのです。そこまで「悪」の深淵を覗いていた人物として、イエスを再評価できるのではないでしょうか。そして、この自己知見こそが、「信仰」内容や民族宗教的価値基準から自由に、「寛容」に、人間の実相を見るようにイエスを導いたのだと考えるのです。

もう一つ、「負い目」という主題でイエスの場合に思いつくのは、社会の最低層の人々への負い目です。イエスは、私の見るところでは、社会の最下層の出ではありません。イエス物語において、前提とされ得るトーラーの知識および言語修辞能力からしても、社会からあぶれた層の出身とは思われませんし、また「大工」と言われている木材等加工業者は、それなりの特殊職です。しかし、「大工」としてガリラヤ全土を巡回したであろうイエスは、ガリラヤの社会の実情をつぶさに見知ったはずです。それは、「大工」としての彼にある種の負い目意識を与えたのではないか、と私は想定します。それを後の福音書伝承は、彼が「腸《はらわた》のちぎれる想いに駆られた」（マルコ一41、ルカ一〇33など）と表現しています。居ても立ってもいられない情動です。次の有名な言葉も、そうした想いが根底にあると思われます――

乞食たちは幸いだ、神の王国はあなたたちのものだ。　　（ルカ六20b並行）

イエス自身が「乞食たち」の一員なら、「神の王国はわれわれのものだ」と言ったに違いないのです。

アーメン、私はあなたたちに言う、徴税人と売春婦たちの方が、あなたたちより先に神の王国に入る。
（マタイ二一31b）

ここには、社会の最下層部分に投げ込まれている者たちへのイエスの共感と、その彼らから彼自身がいかに多くを学んだかという事実、そしてそうした現実をそのままにしている現状への激しい憤りが潜んでいると思われます。この点にはまた戻ってきます。

d　自分の「悪」を止揚するリアリティの覚醒　イエスは自分の「悪」あるいは「罪」の問題意識を、当時の神殿体制の中の「贖罪」装置では解決できなかったと思われます。そもそも彼が言っているような、極端に鋭敏な罪責問題は、当時のトーラー（神殿体制はこれに基づいています）では「罪」に該当しないのです。他方、彼が見ている社会の外輪部分にひしめく人々は、トーラーを守ろうにも守り得ず、また守らなかった「罪」を神殿に行って告白し、献げ物を供えて罪の赦しを祭司から聞こうにも、エルサレムに上る余裕も資力もなかったことでしょう。要するに、彼が見ている「悪」の根源を解決できるものが当時のトーラー‐神殿体制にはなかっただけでなく、周辺で苦しむ人々の助けになるものも、当時の神殿システムにはなかったのです。そしてまさにその只中に、突如バプテスマのヨハネという人物が現れたのです。

ヨハネは自らを神殿体制の外に置き、「罪の赦しに至る回心のバプテスマ」（マルコ一4）を宣《の》べ伝えたとあります。イエスにとっては雷撃的な報知だったのではないでしょうか。イエスは、このヨハネのところにこそ解決があるのでは、という予感を持って、彼の許へ赴いたのでしょう。それも、自分がこれまで大黒柱として支えてきた家族を棄てて行ったものと思われます。その決断の強烈さがうかがわれると共に、この行動が逆に、家族に対する新たな負い目を生んだであろうことも想像に難くありません(その痕跡がマルコ三章31-34節にあると思われます)。

このヨハネのもとでイエスはバプテスマを受け、その許に留まり、ヨハネの言葉とヴィジョンとを学んだと思われます。そうしているうちに、突然ヨハネが逮捕され、処刑されます。この時のイエスのショックがどれほどであったか、私たちは知りません。しかしこれを機に、彼はおそらく飛躍したものと思われます。もちろん、「飛躍」したなどとはどこにも書いていないのですが、このあとのイエスの行動形態を見ると、あまりにもヨハネのそれとは異なるので、ここに飛躍があったと判断せずにはおれないのです。逆に、もしイエスが初めから、私たちの知っているような公活動を展開することができたのであれば、そもそもヨハネの許へなぜ行く必要があったのか、理解ができないのです。つまり、ヨハネの許へ行った時のイエスは、敏感であり、思い詰めてはいたものの、普通の壮年者でした。その彼は、ヨハネの死をおそらく契機に、強烈な体験をしたものと想像されます。要するにイエスは、かつての「罪」も「悪」もことごとく止揚するリアリティに遭遇したのでしょう。それは、ヨハネのバプテスマ活動自体を反古にしてしまうほどの透徹した自明性を持っていたのではないかと思うのです。そうした体験がなければ、これ以降の彼のあの活動は生じ得ないのではないでしょうか。以下の言葉は、そうした事態のストレートなマニフェストのように思われます。

アーメン、私はお前たちに言う、人の子らには、すべての罪も、〔神を〕冒瀆するもろもろの冒瀆も赦されるだろう。（マルコ三28）

この体験が、他方ヨハネ譲りの預言者的パトスに火をつけ、彼の公活動を惹起したと思われるのです。

さて、ヨハネが〔獄に〕引き渡された後、イエスはガリラヤにやってきた。（マルコ一14）

e　非キリスト論的な宣教内容　その際のイエスの活動の特徴として、ここでは一点だけ述べておきます。彼はやがて到来する、人間が人間を抑圧することのない、また人間が悪の力に支配されることのない世界を自らの言動で先取り的に描出していったのですが、その時の彼には、己をキリストであるとして宣べ伝えよ、という文句が全くありません。つまりイエスは、自分を「キリスト論的」に特別視するということは全くないのです。これが後代のキリスト教との最大の差でしょう。彼が弟子たちに託した宣教の指示に次のようなものがあります。

そしてその中で病弱の者たちを治せ、そして彼らに言え、「神の王国はあなたたちに近づいた」と。（ルカ一〇9並行）

これは要するに、彼自身が宣べていることがらそのものと何ら差がありません。彼は、自分を「キリスト」であると宣教して回ったのではなく、やがて到来する(と彼が見た)事態を知らせるべく奔走して回ったのです。

2・2・3　イエスの「不寛容」

a　神殿体制その他に対して　イエスは、一方で徹底して「寛容」であっただけではなく、他方では強烈に「不寛容」な面、非妥協的な面も持っています。彼は、自分の悪の深淵を見、周りの下層民への自分の負い目と彼らへの無条件の連帯を感じたでしょうが、それだけならあのような激しい活動にまではならずに終わったでしょう。つまり、彼の中には、さきほどもバプテスマのヨハネ譲りだと言いましたが、「預言者的パトス」とでも言うべき激烈な要素、とりわけ怒りがあります。これが向けられる最たる対象は、神殿の虚偽体制です。己の悪を見ず、他を抑圧する者たちの群れへの激しい憤怒です。有名な「禍いだ、お前たち……」(ルカ一一39-48、52並行)という種々の句も、最終的にはここに座があるでしょう。そして最後に、有名な「宮浄め」の狼藉となって噴出します。

……そして彼は神殿〔境内〕に入ると、神殿〔境内〕の中で売り買いする者たちを追い出し始め、両替人たちの台と鳩を売る者たちの椅子とをひっくり返した。……

(マルコ一一15-16)

また彼の怒りは、神殿体制以外の抑圧機構への批判とも化します。領主ヘロデ・アンティパスに宣戦布告をするに際し、彼は「行って、あの狐に言え」(ルカ一三32)と言います。ここには、穏やかで智慧深いイエスというイメージとは随分遠い、激烈な人物がいます。また、次のような言葉も注目に値します――

あなたたちが知っている通り、異邦人たちの支配者と思われている者どもは、彼らを暴圧で支配し、彼らの大いなる者どもは、彼らに圧政を加えている。……（マルコ一〇42）

この背後にあるのは、ローマ皇帝たちおよびその支配イデオロギーへの批判です。イエスは政治的では全くなかった、と多くの研究者たちは語ってきましたが、それはその方が解釈する者たちにとって都合が良いので、そのようにイエスを決めつけてきただけではなかったか、もう一度反省する必要があります。

b　トーラーに対して　この関連で、イエスのトーラー墨守主義批判も挙げるべきでしょう。もっとも、トーラーの場合、それを全体的・包括的に批判否定したわけではありません。しかし、個々のケースの場合、明らかにトーラー規定を平然と乗り越えたことは間違いないと思います。

安息日は人間のためにできたのであって、人間が安息日のためにできたのではない。（マルコ二27）

この言葉だけなら、ほぼ同時代のラビの文句にもないとは言えないのですが、イエスの場合、文字通り安息日を無視して行動したという事実は動かし難いものです。

外から人間の中に入ってきて彼を穢すことのできるものは何もない。むしろその人間から出て行く〔もろもろの〕ものが、その人間を穢すのだ。（マルコ七15）

この言葉がイエスのものであれば、ここにはトーラーの浄・不浄規定（レビ一一―一五章）そのものをすら乗り越えていくエネルギーが潜んでいます。

要するに、人間を抑圧して止まない社会、およびその背後の権力者たちへの批判においては、「非寛容」そのものであったことがうかがえます。この点の「非寛容」さがあったからこそ、それ以外のほぼすべてのものへの「寛容」さが生じたとも言えるでしょう。

c　反面教師的要素　もっとも、イエスの「非寛容」さには、それなりの「影」の部分もついて回ります。

私はあなたたちに言う、人々の前で私を告白する者は誰でも、〈かの人の子〉もまた神の御使いたちの前でその人について告白するだろう。しかし、人々の面前で私を否《いな》む者は誰でも、〈かの人の子〉もまた神の御使いたちの面前でその人をまったく否むだろう。

（ルカ三８-９並行（再構成））

このあれかこれかの二者択一の文句は、多くの研究者がイエスのものではないと判断するものです。しかし、私にはそのように断ずることは困難だと思われます。特にこの句は、イエスの逮捕が迫る緊張した状況の中で、弟子たちに語られた言葉であるとすれば十分に理解できます。またこれ以外にも、このような「あれかこれか」的な言葉が多くイエスに帰されています。

私と共にいない者は、私に敵対する者だ。また、私と共に集めない者は、散らす者だ。

（ルカ一一23並行）

この句はもしかするとイエスのものではないかもしれません。しかしこの中に、イエス的で非寛容的な二者択一の精神が息づいていることも事実です。つまり、こうした「あれかこれか」の発想のすべてに、イエスはまったく関係がなかったとは言えない点が重要なのです。後のキリスト教は、この二者択一を迫るイエスの言葉を拡大再生産し、イエスに従わない者への断罪の傾向を強めていく。つまり、キリスト教の傲慢さの濫觴は、やはりイエス自身にあるかもしれないのです。彼の心のヴェクトルの陰影が、後代、彼を理想化する弟子たちとその弟子たちを不幸にも覆っていったと見えるのです。

と思われます。

2・2・4　「不寛容」の結果を身に受ける死

このように「寛容」さと「不寛容」さをラディカルに背中合わせに持ったイエスは、最後にどうなったのでしょうか。その鍵を握る場面がいわゆるゲツセマネのそれ(マルコ一四32-42)だと思います。次のヘブル書の言葉も、おそらくゲツセマネ伝承と同じ根源の伝承に基づいている発言ではないかと思われます。

> 彼は肉なる人として生きた日々、自分を死から救うことのできる者に向かって、力ある叫びと涙をもって願いと嘆願を献げ、畏敬のゆえに聞き入れられた……。（ヘブル五7）

ここでイエスは、断末魔の心的苦悩を通ったとされています。一体何がイエスを襲ったのか。まず考えられるのは死へのヌミノーゼ的な怖れです。確かにイエスは、公の登場の時点で自分の死は覚悟していたでしょう。しかし覚悟していたからと言って、最後まで従容としていられるかと言えば、それは保証の限りではないのが人間です。イエスですら、そこまで徹底はしていなかったということでしょう。そしてもう一つ。彼の持つ、とりわけ神殿体制等への預言者的怒りです。怒りはどんなに「聖なる」ものであっても、怒りである限り、どこかに暗黒の情念を潜ませています。それは清算を要求し、普通は相手を滅ぼすというヴェクトルになるはずです。しかし、イエスの非凡なところは、その清算を自分を殺させることで貫徹する方向に逆転回させたことでしょう。

すなわち、ゲツセマネでイエスは、もう一度飛躍したに違いないのです。ゲツセマネ以降のイエスは、それまでのイエスではない。吉本隆明氏に『最後の親鸞』という本がありますが、ここには「最後のイエス」が垣間見える気がするのです。

事は決した。時はきた。……立て、行こう。　（マルコ一四41－42）

「叫びと涙」の果てに飛躍した後のイエスは、もう「禍いなるかな」などと叫びません。裁判の不当性を激しく論難もしませんし、総督の机をひっくり返したりもしません。ほぼ全き沈黙を貫いたようです。しかし実は、この沈黙ほど怖ろしい批判はないのです。

ゲツセマネの後、ゴルゴタにて息絶えるまでの半日弱が、イエスにとっての最後にして最大のドラマでした。ゴルゴタは、彼がその不寛容な怒りの情念を清算して果てた場所だったのです。

イエスは、大声を放って息絶えた。　（マルコ一五37）

これは一見敗北に見えます。しかしこれによって、イエスの「不寛容」さは、最も「寛容」に貫徹されたとも言えるのです。後代の福音書記者マルコの言葉によると、その死の瞬間、「神殿の幕が真っ二つに裂けた」（マルコ一五38）と言います。見るべき目を持って見れば、この時、神殿体制の息の根が止められたと言っているのでしょう。

2・3　再定義へ

2・3・1　「キリスト教」の再定義

こうしたイエスの側面を十全に取り入れて事柄を考えた場合、今までのキリスト教の教義信条的な枠組みでは、イエスの人間的な生々しさとその意味合いを十分に汲み取れないことが分かります。伝統的定義では、キリスト教とは「イエスをキリストと認め、その人格と教えとを中心とする宗教」と言われます[13]。その基本は、「イエスをキリストと認める」ところに成立するのですが、これは私たちの世界にはほとんど意味の消滅したお題目になってしまっています。キリストとは「メシア」(油塗られた者)というヘブライ語に由来する古語であるために、私たちの語感からはズレてしまっているのです。また、イエスの「人格と教えを中心とする」と言っても、そのイエス自身が「神の子」云々として初めから神聖体であったわけでは実はなく、彼自身が変貌し、飛躍し続けたという観点から見直すべきであり、そしてその際、イエスの強さと弱さ、限界と深さとをどのように受け止め、そこから知恵と勇気とを汲み取るかだと思います。そこで、たとえば試みに、次のようにキリスト教を再定義したいと思うのです。キリスト教とは、

イエスにおいて人間の本質と可能性を知り、イエスの生死に学ぶ宗教

と。ここには「キリスト」という言葉が出てきません。もし、どうしても「キリスト」という言葉を入れずに済まないというのであれば、「人間の本質と可能性」を「キリスト」という符牒で表し

てもかまわないでしょうから、そのような注釈を入れておけばよいでしょう。問題は、どのような名称をイエスにつけるかではなく、イエスにおいて、人間の本来の深みとその展開の可能性をどのように学ぶかだと思います。「寛容」「不寛容」を軸に、この点をもう一度まとめてみましょう。

2・3・2　「非寛容」なまでに自己の悪の根源を見るイエス

これまで、この点を私は強調してきました。このような自己の観察は、新約学の伝承史研究の術語を使えば、イエスの「知恵(文学)的」(sapiential)な深みと名づけることができます。イエスが知恵者ないしは知恵の教師の伝統に立っているというのは、最近のイエス研究の一つのコンセンサスですが、それを何よりも自己観察のラディカルさというところで確認したいと思います。また、ここからすれば、「イエスの無罪性」という一般キリスト教的教義は、空想的な神話でしかなくなります。カルケドン信条のナイーヴさはもはや維持されません。イエスが私たちと同じだと言うなら、それは「罪」性においてこそ同じでなければなりません。その鋭い罪性の自覚において、イエスは私たちにとって primus inter pares(同等の者のうちの筆頭の者)と理解されるべきでしょう。この点で、「言《ことば》が肉となった」というヨハネ福音書(一14)の言葉は、文字通りに貫徹される必要があります。ヨハネ福音書のイエスは、まだ中途半端にしか「肉となって」おりません。そして、このように見てくれば、「愚禿《ぐとく》」と自称した親鸞上人とイエスとの比較も意味を持ってくるでしょう。私たちと同じであるからこそ、私たちを癒せる、という人間学的大原則に立って、救済者としてのイエスの意味を再考すべきなのです。キリスト論は大きく書き変えられねばなりません。

2・3・3　「寛容」に他者を受容するイエス

イエスにとっては、今この場において、人間がいかに「観念」や「損得」を棄てて現実に出会うかが大事なことでした。そこからすれば、「教義・教理」は第二義的な意味しか持ち得ません。「信仰義認」などというものすらありません。確かに福音書の中には、「あなたの信頼があなたを救ったのだ」(マルコ五34等)という言葉をイエスは何度も口にしています。しかしこれは、イエスに対して全幅の信頼を寄せてくる障碍者にイエス自身が感動して口にしている言葉と取るべきで、信仰義認論とは関係ありません(ですから、「あなたの信仰があなたを救った」と訳すべきではないのです)。「教理」や「信仰告白」ではなく、社会的・人間的凄惨さとの直面と、それを超えるヴィジョンが問題です。あるいは、どのようにしてイエスの生と死とに肉薄するか、です。イエスに対して「信仰告白」をしても、それは――イエスの視座からすれば――第二義的な意味しか持たないことを改めて私たちは熟考すべきだと思います。またさらに私は、イエス自身が変貌し、また変貌させられてきたことを指摘しました。全知全能にして永遠に不変のイエスというイメージは、キリスト教徒の宗教的ファンタジーが作った映像です。イエスにはむしろ、自己が変化させられていくオープンな学びがあったと知るべきでしょう。「寛容」さの極限は、自己が変貌することをも大きく容認するところにあるのです。

2・3・4　「非寛容」に他者の偽善を批判するイエス

こうしたイエスの「寛容」さはしかし、多数の者の悲惨な現実を己の利害のために維持しようとする、権力志向に対する激しい批判のパトスと表裏一体です。これは知恵の伝統からくるよりは、預言者の伝統のほとばしりです。こちらの点からすれば、彼は日本の日蓮上人とも比較できます。イエスには明らかにこの二面が双方あって、それらが混然と醱酵過程にある感がするのです。

大事なことは、彼がこの後者のパトスを、怒りの対象を攻撃的に殲滅し尽くすことで清算しようとしたのではなく、このパトスの攻撃性を自らの身に受けとめて清算していったことです。あの批判の行き着く先が、己の命を擲《なげう》って「不寛容」の帰結を受容していくことだった点は、イエスの最も秀逸な点です。歴史上のキリスト教やキリスト教国家が、「キリスト」への信仰告白にこだわり、この点のまねびに徹してこれなかったとすれば、それは最も重要なところでイエスを裏切り続けてきたということなのです。

2・3・5　「信仰」型宗教よりも「覚知」型宗教へ

a　「覚知」　イエスがこのように飛躍していったということは、彼自身が重要なそれぞれの局面において、ある圧倒的な原リアリティとでも言うべきものを体験的に覚知していったということです。したがって、このイエスに学ぶということは、単に彼を「信ずる」という次元に留まるのではなく、彼が覚知したものを私たちも同じように覚知するという課題を鮮明にするのです。イエスは、自己の悪を圧倒的に止揚するリアリティを覚知したと言いましたが、私たちもその原リアリティを自ら「追覚知」し、「追体験」し、寒暖自知的に納得する必要性があるということです。それは「信仰」するだけでは、実は不十分なのです。

またイエスのあり方からは、このリアリティが覚知されたとき、その言語表現には徹底した自由があるべきだということも演繹されるでしょう。このリアリティは所詮言語表現不可能なものです。ということは、別の言い方をすれば、どのようにでも言語表現可能だということでもあります。だからこそ、この点の「寛容」さの素地ができるのです。イエス自身、これを「神」「父」「王」「神の王国」「かの人の子」などの概念で多様に表現しました。さらに言えば、譬話では概念的な表現すらなされていない場合が多くあります。善きサマリア人の譬では、概念で実体的に定義なぞされていません(このサマリア教徒は「神」のメタファーではありません)。再三言いますが、「神」とか「キリスト」とかいう概念ではなく、活きたリアリティなのです。それを全霊的に覚知することなのです。

そして最後に、イエスに学ぶというのであれば、この原リアリティに動かされる生き方・死に方がどのようにして可能か、イエスに倣って問う作業が不断に生じることになります。イエス自身は、今述べたように、このリアリティを時には「神の王国」という言葉でも表しましたが、それは人間が相互に差別・抑圧・排除することのない世界を指し示しています。それを目指して、どのようにアクティヴな非暴力を生き抜くか、それこそイエスに学び従うことの意義でしょう。その意味では、それを追求するのには、いわゆる「キリスト教徒」である必要すらないと言えるのです。あるいは逆に、「仏教徒」であっても何教徒であっても、この点において、言葉の十分な意味においてイエスの弟子かつ同志になりうるということです。ヒンズー教徒マハトマ・ガンジーは、イエスの見事な信従者にして同志にほかなりません。

b　「禅那」の道　このリアリティを覚知するにはどうするか。伝統的には「神に祈る」という答がありました。福音書には、イエスがしばしば、孤独のうちに長い祈りをなしている姿が描かれます――

彼は朝早く、まだ暗いうちに起き上がって出て行き、人なき荒涼とした処で祈っていた。（マルコ一35）

このイエスの祈りは、どういう祈りだったのでしょう。「人なき荒涼とした処で」何時間も「祈る」とは、言葉で神に祈るだけのことではないと思います。言葉で祈るとしたら、短時間に終わるでしょう。すると後は、それを何度も繰り返すか、あるいは再びああでもない、こうでもないと頭を使うことになります。しかし、頭を使い出したら――それはそれで重要な機能ではあっても――原リアリティの覚知の道ではありません。

つまり私は、「禅那《ぜんな》」の道を積極的に受容推進することの重要性を言いたいのです。「禅那」とは――これを短くすれば「禅」ですが――元来サンスクリットの dhyāna の音訳です。つまり、瞑想、それも非対象的瞑想のことです。自分の外部の何らかの対象物を瞑想するのではなく、自分の中の形象のないものに深く没入し、三昧（samadhi）に入る瞑想です（現在の日本では、「三昧」という言葉は全く俗化した誤解形態でしか使われていません）。こうすることで、知的な自我体が解体していき、全存在感性が原リアリティの磁場に入るのです。キリスト教はもう長らくこの瞑想行を忘れてきました。特にプロテスタントはそれが甚だしい。いわば、大脳皮質のみ肥大化し、脳幹感覚が枯渇しているようなものです。この点では、新しく定義された「キリスト教」は、覚知型の宗教、とりわけ禅仏教から多大なものを学ぶことができます。キリスト教が「寛容」になり、腰を低くして禅仏教から学びうる宝財がここにあります。と言うよりも、この作業は、実はヨーロッパでは三〇―四〇年前にすでにもう始まっていることなのです。日本では、まだほとんど感知すらされていないだけです。

ですから、キリスト教の礼拝も、最も「禅那」の資質を深く取り入れなければなりません。深々とした沈黙の要素が必要なのです。場合によっては、「説教」なぞほとんど要らない――要らないと言うと語弊があるなら、今の何分の一かに削ぎ落とせばいい。そして、意識というものの宗教的な深層次元に体験として降り立つのです。この必要性は、キリスト教の世界だけではなく、特に「ケータイ」文化に完全に乗っ取られた現代日本では、人間の精神的バランスを獲得する意味で、一般的健康の面ですら必須だと思います。

2・3・6　〈共鳴共同体〉の広がりへ

私は、こうして新しく定義されたキリスト教を、カトリック、正教、プロテスタントにならぶ第四の派にしようなどという妄想を描いているのではありません。再定義されたキリスト教は、そうした縦割りの派閥ではなく、カトリック、正教、プロテスタントのどの場でも、いわば「横割り」に成立しうるものです。この、既存教会を横断的に繋がる人々の紐帯は、俗に言う「異端」や他宗派、それに他宗教などの異者的存在とも全くオープンに共鳴し合える、言うなれば〈共鳴共同体〉を形成していくことでしょう。「共鳴」だけでは不十分だと思わないで下さい。額面上は異なったままでありつつも、同質のリアリティが響き合っていると理解し合える方が、むしろ比較にならないほど深い次元の絆を形成するのです。真に「寛容」な共同体は、共鳴共同体に相違ないのです。

3　キリスト教はどこまで寛容か

3・1　核心事には非妥協的に、かつそれゆえに最後まで寛容に

結論を出す段になりました。私は、真のキリスト教は、人間が抑圧なく、一つに響き合えるという核心事(Sache)の実現のためにはあくまで非妥協的に、かつそれゆえにそれ以外の一切では徹底的に寛容になりうると思います。ここでは、非妥協性――「不寛容」と言うよりもこの言葉の方が良いように思います――と寛容性とが相即します。そしてこれが、歴史のイエスの生死から学べる道の核心だと思うのです。

3・2　キリスト教の最終目標

そして、もう一つ付加しておきますが、そうしたキリスト教の人間的な最終目標は何か、と言い

ますと、「真の普通の人間になること」であるとあえて言語化したいと思います。キリスト教徒には、どこか自分たちが何か特別のことをしている、特別に偉いことをしている、という観念がありがちだからです。俗な次元で言えば、神様を信じたからには、何かいいことがないと困る、少なくとも自分が偉くなったような気になりたい、という隠れた想いです。しかしこれは妄想です。本当は、イエスのことなぞ考えずに、最後のイエスのようになれるのが最もいいのです。逆説的に響きますが、キリスト教の最後の一歩は、キリスト教をも十字架をも忘れることではないでしょうか。それこそ真の、普通の人間の成就でしょう。イエスを意識的に祭り上げ、その祭り上げたイエスの側に自分を特別に置こうとすることこそ、実はイエスをひそかに裏切り続けることなのです。これまでのキリスト教は、この「罪」にあまりにも染まりすぎていたように思うのです。

（1）本論は、二〇〇七年三月一〇日、牛込聖公会聖バルナバ教会における、日本クリスチャン・アカデミー用の講演を文章化したもの。本稿に起こすに際し、若干の補充を行なった。
（2）二〇〇七年一月一一日、立教大学コミュニティ福祉学部における「宗教人間学」講義のレジュメによる。
（3）代表的なものに、J・カール『キリスト教の悲惨』高尾利数訳、法政大学出版局、一九七九年（原著は一九六八年）など。
（4）「キリスト教と非キリスト教的諸宗教」（一九六一年）、「無名のキリスト教者」（一九六四年）。
（5）一般には「宗教（的）多元主義」と訳されているが、私には未だに妥当な訳語だとは思われない。
（6）『神は多くの名前をもつ――新しい宗教的多元論』間瀬啓允訳、岩波書店、一九八六年（原著一九八二年)、第viii章。

(7)『信条集　前篇』新教出版社、第二版、一九八二年より(但し若干訂正)。

(8)ヘブル書四章15節の引用。

(9)小高毅訳(小高毅〔編〕『原典古代キリスト教思想史2　ギリシア教父』教文館、二〇〇〇年、四一二―一一三頁)、但し若干訂正。

(10)「天地の造り主、全能の父である神を私は信じます。／そのひとり子、私たちの主イエス・キリストを、私は信じます。主は聖霊によってやどり、おとめマリアから生まれ、ポンテオ・ピラトのもとに苦しみを受け、十字架につけられ、死んで葬られ、よみに下り、三日目に死人の中から復活し、天に昇られました。そして、全能の父である神の右に座し、そこから来て、生きている人と死んだ人とをさばかれます。／聖霊を、私は信じます。また、聖なる公同の教会、聖徒の交わり、罪のゆるし、からだの復活、永遠のいのちを信じます。アーメン」(小高毅訳〔小高毅〔編〕『原典古代キリスト教思想史3　ラテン教父』教文館、二〇〇一年、一八七頁〕)。

(11)仏教的呪文。もともとはインドの原語を、漢字で音写したものが多い。

(12)普通「律法」と訳す。(旧約)聖書の最初の五書。ユダヤ教の根幹をなす。

(13)『広辞苑』「キリスト教」の項目参照。

II

〈禅キリスト教〉の誕生へ

第6章　ヨーロッパの参禅者と「キリスト教」

――アンケート調査結果――

まえおき

私は二〇〇五年夏から二〇〇六年春にわたり、文部科学省・科学研究補助費*の助けを得て、ヨーロッパにおいて一つのアンケート調査を行なった。それは、いまヨーロッパで実際に坐禅を行じている人々が、キリスト教とどのような関わりを意識しているのか、その生の声を知ろうという主旨のものである。二〇〇五年夏に渡欧し、ドイツを中心に坐禅会や接心の場を訪問してアンケートをお願いし、またさまざまな場所で禅を指導している人々に便りを出して、その弟子たちへの協力をお願いした。名のあるウェブサイトにも配布をお願いした。回答はEメール、ファックスおよび直接郵送の形でいただいた。一九九の有効回答があった。

もっとも、今回のアンケートはドイツ語圏および英語圏の欧州が対象となっている。残念ながらラテン系統の国々、イタリア、フランス、そして何よりもスペインには足を運んでいないし、それらの国の人々に計画的にお願いはしなかった。それは言語の問題もあって、今回の科学研究補助費の期間内に私個人で処理できないであろうと思われたことが原因である。したがって、今回の調査が片面的であることは十分承知しているつもりである。いつか、ドイツと並んで坐禅運動のもう一つの中心地であるスペインでも、同種のアンケートを実施してみたいと願っている。

＊ 二〇〇五―〇六年度・萌芽的研究「欧州における坐禅運動が欧州キリスト教に及ぼしている影響の研究」(課題番号 17652007)。

1　アンケート内容

このアンケートで尋ねたことは、以下のようなものであった。

まず、名前(自由記入)、居住地、職業(自由記入)、年齢(自由記入)、坐禅年数、師匠名を聞いた後、次のように続けた――

「あなたは自分をキリスト教徒と見なしていますか」

答は「はい」・「いいえ」・「返答不可能」の三種を用意した。

「その問への答が肯定ならば、教派は何ですか」

答は「カトリック」・「プロテスタント」・「その他」の三種を用意した。

「先の問への答が否定ならば、以前にキリスト教徒であったことはありますか」

答は「はい」(その場合は教派を質問)・「いいえ」の二種を用意した。

以上は単純な選択質問であるが、以下は自由記入である――

「坐禅はあなたにどのような影響を与えましたか」

——「神について」・「イエス・キリストについて」・「聖霊について」・「教会について」

そして最後に——

「坐禅がキリスト教に与える影響に関して、その他のコメントがありますか」

なお、このアンケートでは、本人がいわゆる「見性《けんしょう》」(悟りの体験)をしているかどうかは質問事項とはしていない。これはあまりにデリケートな問題で、直接聞けるものではない上に、それなしにも上記の質問は、参禅者の意識と自己理解を問う上で、十分意味があると判断したためである。

2　統計的結果

自由記入の欄は、書かない人もあれば、大変長い文章を書いた人もあった。そこで、その考察は後に回し、まず上記の質問の中で、単純に統計がとれるものを選んで表にしてみよう。

先に述べたように、全体では一九九の回答を得た。

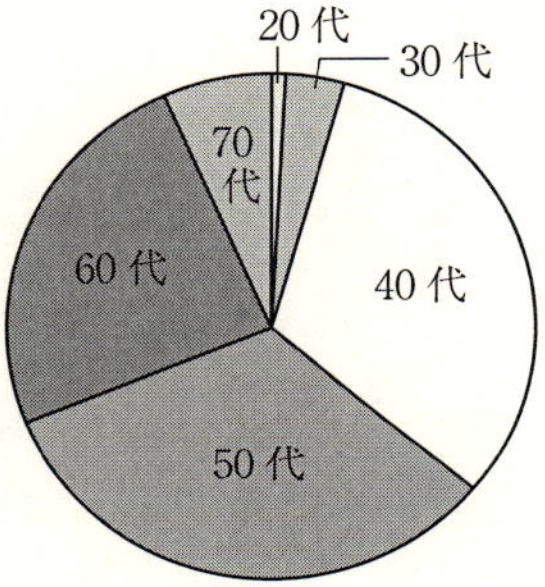

年　齢	人数(%)
20代	1人（0.5%）
30代	6人（3.0%）
40代	61人(30.7%)
50代	63人(31.7%)
60代	47人(23.6%)
70代	13人（6.5%）

●年齢的にみると――

五〇代、四〇代、六〇代が圧倒的に多く、それに七〇代、三〇代が続く。最も責任を持って働いている世代が多いのが特徴である。また、七〇代が三〇代よりも多いことも眼に止まった。三〇代で坐禅をやっている人は実はもう少し多いと思われるが、いわゆる人生の中年から熟年に達した人々が今回のアンケートにはより積極的に答えてくれたことになろう。

●性別はあえて聞かなかったが、名前の形から大部分判明した――

男性・一〇四人／女性・九〇人／不明・五人(判別不可)。回答者は男女ほぼ半々、あるいは若干男性が多いと考えていいであろう。

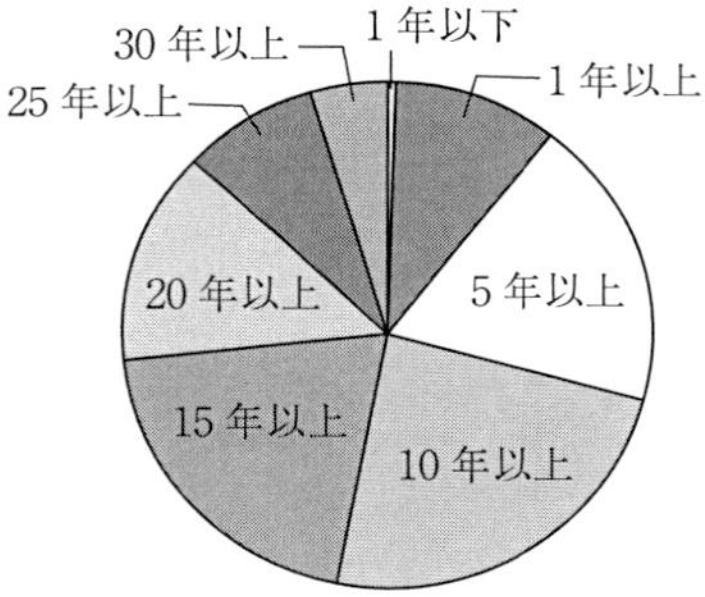

経験年数	人数(%)
1年以下	1人 (0.5%)
1年以上	20人(10.1%)
5年以上	37人(18.6%)
10年以上	48人(24.1%)
15年以上	40人(20.1%)
20年以上	27人(13.6%)
25年以上	17人 (8.5%)
30年以上	9人 (4.5%)

●坐禅の経験年数――

参禅歴一〇年以上二〇年以下の人々を合算すると、八八人。これは全体の四四パーセントになる。また、二〇年以上の人々を合算すると五三人で、全体の二六パーセント以上の数になる。つまり全体の七割以上が一〇年以上坐り続けてきたということになる。単にブームに乗ってしばらくやってみた、という類ではないところが印象深い。

●居住地（国籍ではなく）――

ドイツが圧倒的に多い。それは先に述べたように、アンケートを求めた地がドイツ中心であったという事実がある。しかしヨーロッパにおいて、坐禅の最も盛んな国がドイツであることは疑い得ない。ドイツ・一六四人／スイス・三九人／英国・一〇人／オランダ・二人／フランス・二人。その他、オーストリア、スペイン、日本、スウェーデン、ネパール、米国、エチオピアが各一人であった。

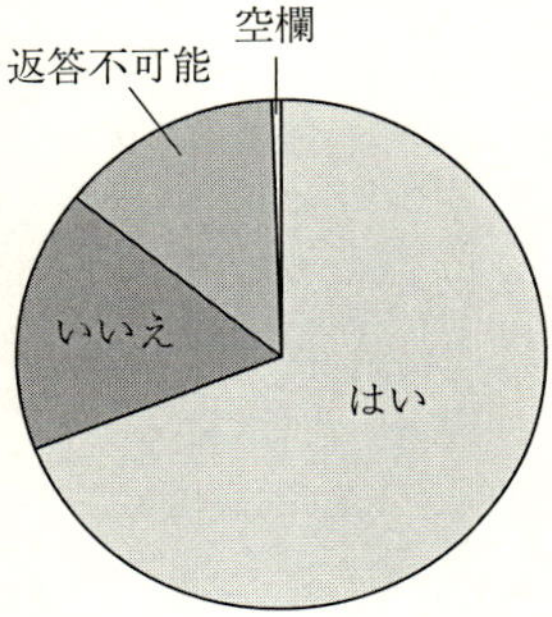

回　答	人数(%)
は　い	138人(69.35%)
カトリック	81人(58.70%)
プロテスタント (うち聖公会)	48人(34.78%) (7人)
その他	9人(6.52%)
いいえ	33人(16.58%)
返答不可能	27人(13.57%)
自分をどちらかといえば キリスト教的に理解	9人
どちらかといえば カトリック	3人
どちらかといえば プロテスタント	6人
空　欄	1人(0.05%)

●**あなたは自分をキリスト者と見なすか**という質問に対しての答は以下のようである。

一三八人という、圧倒的に高い数字がキリスト者としての自意識を示している(六九・三五パーセント)。これに、「返答不可能」とはいえ、自分をどちらかといえばキリスト教徒的に理解する九人を含めると、一四七人(七三・八七パーセント)もの人が自らをキリスト教徒として理解していることが分かる。すなわち、坐禅をやったために自分のキリスト教者としてのアイデンティティを放棄する、という事態に至るということが必然的ではないことが、ほぼ確認できる。

3　記述式質問の結果

以下、記述式で尋ねた項目への回答を整理する。「神観」「イエス・キリスト観」「教会観」に関する欄であり、そして最後に付随内容に関する欄を加える。なお、「あなたは聖霊をどう思うか」という質問欄への回答は度外視する。これは、質問の中では最も抽象的であり、回答もあまりに多様で、意味ある傾向を読み取れなかったことが理由である。

3・1　神観

「坐禅があなたの神観に及ぼした影響とは何か」という質問に対して寄せられた記述式回答において最も際立ったのは、「自分に対峙する（〔独〕gegenüberstehen）『人格』（〔独〕Person, personal）としての『神』が意味を喪失した」という主旨のものである。これは私がその種の回答を誘導したわけではは一切ないにもかかわらず、四七人からそのように理解できる文面を得た。たとえば——

神は私にとって、私に相対している人格ではもはやない。むしろ、活きた創造である。私はその一部であり、その表現である。（六〇代女性、坐禅歴一二年、キリスト教徒、在ドイツ）

（坐禅のお陰で）私は……キリスト教の信仰箇条を文字通りに信じていないことにあまりとらわ

れなくなり、また、人格としての神より、愛と知恵の名状しがたいエネルギーとしての神という思いをいだくようになった。

(六〇代女性、坐禅歴四年半、キリスト教徒、在英国)

このように答えた人の中で、自分をキリスト教徒とは見なさないという人は四人(自分をキリスト教徒と見なすべきかどうか分からないという人は六人)のみであった。「人格神」という言葉を使ってはいないが、神が「自分に対峙するものではなくなった」という主旨の発言は、さらに七人ほどがしている。また、「罰する神」の重圧から解放された、という類似の主旨の発言もさらに七件あった。すなわち、きわめて多くの人々が、自らを「キリスト教徒」と見なしているにもかかわらず、いわば「絶対他者」として対峙するという神像は喪失した、と言っていることになる。

それではどのような「神」に変貌したのか。最も目についたのは、「体験可能な」「体験する」などの、「体験」(〔独〕Erfahren/〔英〕experience)という鍵言葉である(最低で一〇x——以下、発言の回数をxで表す。これは、一人が複数の発言内容に重複して数えられる場合を含む)。

神は「体験可能」(〔独〕erfahrbar)であり、単に「信仰の問題」ではない。

(五〇代男性、坐禅歴一一年、キリスト教徒、在ドイツ)

ならびに、いつでもどこでも出会える現実——いわゆる「偏在性」——(一一x)、あるいは「包括的なるもの」(〔独〕umfassend, 七x)、および「内なるもの」(五x)という把握が目につく。加えて、

「偏在」であれば「私と一つ」という発言が出るのは当然ですらあろう(一一x)。より徹底して、「一つの世界」を「神」と名づける、というところまで踏み込んだ発言も珍しくない(六x)。要するに、神体験のありかたが、神‐人の二元論的・関係論的次元から、いわば一元論的・存在論的次元に重心が移動していると言えよう。

「神」は私にとって、どこか遠くに存在している彼岸的権威ないしは「対峙する」人格ではなく、むしろ全宇宙において、常に、どこでも今あるところの、現存在の次元である。それは私の思考を凌駕するが、それにもかかわらず常に知覚できるほどに現存するものである。

(七〇代男性、坐禅歴二六年、キリスト教徒、在ドイツ)

もっとも、なかには、「人格」としての神のリアリティが一層深くなったという意見も少数ながらあった(三x、坐禅歴七―三〇年)。また、「守られているという確信」((独)Geborgensein)が語られてもいる(三x)が、これは内容的に「人格的」な神を前提にしていると言えよう。また、この関連で、「神」が女性的になった、父性的なものが喪失したという意見があった(二x)が、これは存在論的な次元の言語にすれば、「自分に相対するもの」としての神の消滅と呼応するかもしれない。ただし、なかには、「神」は人格的とも非人格的とも規定できないという主旨の意見もあった(二x)。とはいえ、最も印象深いのは、先に述べたところの、「対峙する存在としての人格神」の無化である。

3・2 イエス・キリスト観

ここで目につくのは、イエスを「悟りを得た者」(〔独〕Erleuchteter, 二五x)、あるいはその意味で「仏陀」と等しい者(一九x)、ないし「賢者」(〔独〕Weiser, 七x)や「菩薩」(〔独〕Bodhisattwa, 三x)や「神秘家」(〔独〕Mystiker, 三x)と見る意見の多さである。要するにイエスを「人間」と見なし(そのように断言する発言は六x、また「彼は神ではない」六x、「あのような人は他にもいた」二x)、その中で、究極の真実との一致を生きた存在ととるのである(そうした明確な表現は五x)。したがって、そのようなイエスは、「私たちの模範」(〔独〕Vorbild)である(一四x)、あるいは「師」(〔独〕Meister)である(一〇x)、とする声が認められるのも理解できる。

これはしかし反面として、イエスを伝統的に、自らの死によって世人を救った「救世主」(〔独〕Erlöser)とは見ないという意見と呼応する(その主旨の発言は九x)。別な表現によれば、彼は「神の独り子」ではない(五x)、あるいは逆に「彼も私も同様に『神の子』である」(一一x)ということになる。最後の発言は、イエスと自分たちとの間に、原則的・本質的な同一性を見ており、いわば絶対的に質的な差を基本的に認めないということである。

他のすべての人同様に、自らの十全な可能性をもった人間。仏陀は彼の兄弟である。双方とも、決定的なものを実現した。ただ一人の『神の子』なぞ存在しない。誰でも『神の子供』にほかならない。
(五〇代女性、坐禅歴二六年、非キリスト教徒、在ドイツ)

さらには、地上で活動したイエスをどう見るか、という側面よりは、イエス・キリストが「私の中にいる」(七x)という、いわば内面化された発言や、霊的現存として常にいる(三x)といった発言もある。ティヤール・ド・シャルダン的に、「宇宙的キリスト」という主旨の理解もあった。

さらに加えて、伝統的な「神の子イエス・キリスト」を称揚する声もないわけではない(三x。これらの人々の坐禅歴は、五—七年)。しかし何よりも鮮明なのは、「覚知した」人間イエスの映像である。

3・3　教会観

ここでは大きく意見が分かれている。カトリックとプロテスタントとを問わず、より目立つのは、教会批判的な発言である。そうと言えるものは優に五〇人ほどから聞こえてくる(その中で、自らを非キリスト者と規定するのはその三分の一に留まる)。これはすでに全体の四分の一である。その理由は、教会が権力装置以外のものではない(五x)とか、まったく意味のない存在であり(三x)、イエスと無関係ないしはイエスを裏切っている存在(五x)であるという激しいものから、教会とは単に外的な存在でしかなく、内的な世界とは無縁の組織である(五x)という穏やかな(?)表現まで幅がある。しかしどちらにせよ、教会からは以前からすでに離れている(一五x)、および(坐禅をやることによって)教会から一層離れた(一九x)という意見が目につく。坐禅をやることで、ようやく教会から離れることができた(三x)というものもある。

しかし同時に、教会に対しては、反発を感じつつも縁を切るまでには至らない、あるいは若干は近くなったがいまだに離れている、といういわば両極性（ambivalence）を感じている人も多い（二九x）。やや類似の発言として、駄目な教会に対しても、坐禅をやることで寛容（〔独〕tolerant）になれた（一三x）という発言も少なくない。いずれにしても、教会から離れる、あるいはそれに対して距離を持つことが、自らのキリスト教徒としての自己理解を放棄することにはならない点が注目される。

カトリック教会に対する距離は大きくなった。しかし、私は自分のルーツをこの教会に見ている。そこはしかし、神父たちが、大部分自分の体験の埒外にあることに関しておしゃべりしようとしている場にほかならない。

（四〇代男性、坐禅歴一三年、キリスト教徒、在ドイツ）

これらに対し、教会を肯定的に評価する声もある（一五x）。また、坐禅をやることで教会を肯定的に受け取ることができるようになった（一四x）、あるいは教会に戻ってきた（四x）とするものもある。これには、坐禅する場を提供しているのが教会である場合が少なからずあるという事実が背景にあろう（そのことへの明確な言及が三x）。また、特に教会の典礼を評価する声も存在する（五x）。

さらには、いわば「真の教会」とは修行者の集まりをこそ名づけるものという、原理を深く抉った見解（七x）も着目される。

3・4　その他の発言

最後に、坐禅のキリスト教に対する影響のその他の点を自由記入してもらった。ここでも、一定の意見集約が可能である。最も特徴的なものは、坐禅をやることで、キリスト教の深みが初めて分かる、という主旨の発言である(三二x)。また、坐禅によって、瀕死の、あるいは事実上死んでいる現今のキリスト教が初めて蘇生することができるという内容(一八x)も少なくない。表現は異なっても、坐禅がキリスト教を助ける(四x)、ないしは坐禅とキリスト教は一致する(四x)という主旨の言葉もある。さらには、坐禅によって、キリスト教的神秘主義(マイスター・エックハルト、アヴィラのテレサ、十字架のヨハネなど)がようやく身近に理解できるようになった、とする声も注目される(一三x)。

他方、とりわけ対キリスト教会批判の側からは、キリスト教は坐禅から多大な挑戦を受ける(二一x)とし、より悲観的には、いくら坐禅が広まっても、教会体制は依然として変貌することはない、と諦める(?・)声もある(五x)ことを記しておく。

制度的な教会への影響はほとんど目にすることが出来ない。ただし、〔坐禅は〕少なからぬキリスト者に対しては、大変希望が持てる影響力をふるう。とりわけ、己の宗教の深部へと導く力がある。

(六〇代男性、坐禅歴二三年、キリスト教徒、在ドイツ)

また、坐禅をすることによって、他の宗教に対して「寛容」(tolerant)になった、ないしは一般に「宗教複数主義」(religiöser Pluralismus)と呼ばれている立場に移行していく、という発言(八x)、あるいは坐禅とはすべての宗教に通底する基底を顕らかにする(四x)という発言も無視できないであろう。

他方、坐禅の「効用」を、キリスト教を肯定的に再把握するというよりも一層人間学的にラディカルに考察し、坐禅は人生の——いわゆる生死問題を核とした——根本問題を照射するものであり(九x)、人間自体の成長に寄与する(二x)という発言にも言及する必要があろう。

3・5 まとめ

以上要するに、少なくともアンケートに答えてくれた一九九人の声からは、一定の最大公約数的な傾向が読み取れる。神観的には、人間に対峙しうる「人格」的存在としての神が後退し、より存在論的な基底としての「神」の体験的把握に移行する傾向がある。キリスト論的には、イエスを神格としてではなく、覚者としての「人間」と見、修行者のモデルとして理解する強い流れがある。教会論的には、教会体制・教義への批判が鮮明な中、教会の再活性化された意義を認める声もあって、一種のアンビヴァレンス(両極性)が見られる。そして全体として、坐禅がキリスト教そのものの新生に多大な貢献をすると期待されていると言える。

これらの結果はおおむね、私が以前、複数の機会に予想した事態および傾向と一致していると言ってよい。これらのアンケートは決して誘導質問をする意図と構成でなされたわけではないが、それにもかかわらずこうした意見の一般的な傾向が見られた事実は、十分注目に値するであろう。また、これらの内容は、伝統的なキリスト教の枠組みを守ろうとする人々に対しては、「異端的」であり、不敬な誤謬に満ちたものと映りかねないことも十分理解できる。

なお、このアンケートの原語版は、個人的情報を削除した形で、私のホームページに掲載してある(http://www.rikkyo.ne.jp/~msato/etc.html, 二〇〇七年秋現在)ので、参考にされたい。

第7章　禅とグノーシス主義

まえおき

「禅」とは、広義には「心を安定・統一させることによって宗教的叡知に達しようとする修行法」(『広辞苑』)と言われる。つまり原語 dhyāna (「冥想」の意)の音写であって、その歴史は紀元前三千年のインダス文明と同じく古い。しかし「禅」は狭義には「禅宗」すなわち「禅仏教」を指し、またその中に顕現している生の実相およびそれに貫穿された生活を表す。この意味で「禅」の語が使われるのは、早くても有名な菩提達磨が中国の舞台に登場する紀元後六世紀初頭以降のことであり、実際的には第六祖慧能《えのう》禅師(六三八—七一三年)の登場以降と言ってよい。以下においては、主として狭義に理解された「禅」について語ることになる。もっとも、これ自体膨大な分野であるので、紙幅からいっても筆者の能力からいっても、正当に網羅することは不可能である。ここでは恣意的な選択を許していただくしかない。

本章の課題は「禅とグノーシス主義」の比較である。その際すでに、方法的次元で一つの確認をしておかなくてはならない。グノーシス主義は紀元後一世紀頃ローマ帝国の周辺部に成立し、紀元四、五世紀まで帝国内で栄えた宗教運動である。その後、グノーシス主義の集大成的なマニ教は、六世紀以降も各地に伝播し続けて中国まで至ったものの、それが禅と接触し、禅に影響を及ぼした形跡はまず見あたらない。したがって、「禅とグノーシス主義」の比較検討と言っても、歴史的次元における相互影響という観点は成立しないと見なされる。以下においては、比較思想的に相互を照射させ合い、いわば構造的次元の類似点と相違点を検討することになる。

1 グノーシス主義の三大要素より

抽象的・共時的に分解すれば、グノーシス主義には以下の三点が基本的構成要素として存在している。

(1) 人間の本来的自己と至高者とが本質的に同一であるという覚知(gnōsis)を救済の根本とすること。

(2) 現実存在——身体、この世、宇宙、星辰のすべて——に対して徹底的に否定的な態度を貫徹すること。なおその際、上記(1)の本来的自己と至高者とは、現実存在を否定的に超越したものであって、現実存在とは一切関わりを持つことがない(これは「霊肉二元論」の極限形態とも言いうる)。

(3) 上記の事態を神話的言語で象徴的に解き明かし、かつ教導すること。

以下の考察では、これらのグノーシス主義三要素が、禅とどのように比較されるかを検討しよう。

１・１　本質的同一性の覚知

まず第一に、グノーシス主義の中では、人間が本質的に同一であるという至高者すなわち絶対超越の世界はどのように言語化されているのであろうか。最も典型的なものが「否定神学」あるいは「否定の道」(via negativa)と言われるところの、否定辞を伴った言語による語りである。たとえば、グノーシス主義的なナグ・ハマディ文書の中に、次のようなテキストがある。

この彼(父)は、生まれることも死ぬこともない者であるがゆえに「初めも終りもない者」と呼ばれるに留まらない。むしろ、始まりも終りもないことが現に彼の在り方であるように、その偉大さにおいて達し難く、その知恵において近づき難く、その権威において把握し難く、その甘美さにおいて究め難い者である。

（『三部の教え』大貫隆訳）

彼は完成でも、至福さでも、神性でさえもなく、むしろこれらよりはるかにすぐれたものなのである。彼は無限定でも、限定されたものでもなく、むしろこれよりはるかにすぐれた者である。なぜ[なら]彼は身体的でもなければ、非身体的でもないからである。彼は大きくも小さくもない。……そもそも何か存在するものではなく、むしろそれらよりもっとすぐれたものである。……彼には時間というものが属さない。……彼は何も必要としない。彼に先立つ者は誰一人としていない。

（『ヨハネのアポクリュフォン』写本B、大貫隆訳）

これにさらには、二世紀中頃の偉大なグノーシス主義者バシリデスの言葉として間接的に伝えられている発言を加えておこう。

そこで、何も無かった時――と彼は言う――、物質も無く、実体も無く、非実体も無く、単純なものも無く、複合的なものも無く、思惟可能なものも無く、感知可能なものも無く、人間も無く、天使も無く、神も無く、名づけられたものや感知されたものや知力的事柄などの何ものも無く、全て単純に描写されるものごとのうちで一層繊細な方法で描きうるものも無かった時、〈存在しない神〉は……知力も用いず、感知不可能な方法で、意思を用いず、決断もせず、感情の動きもなく、欲望もない仕方で、宇宙を造ろうと思った。……

（ヒッポリュトス『全異端反駁論』VII, 21, 1）

このような主張は、総じて観念的な自己主張、あるいは願望ないしは目標の表現としても――当時の宗教思想史的コンテキストにおいては――成立不可能ではないし、実際にそうした作品も少なくないであろう。とりわけこうした否定神学が、当時の「中期プラトニズム」の中にすでに言語化されているからには、この種の表現はグノーシス主義の独創とは言えない（大貫隆『グノーシスの神話』岩波書店、一九九九年、五三―五四頁参照）。しかし、グノーシス主義は、それを奉ずる者がそうした既成言語をただ観念的に真似をしたというだけでは把握できない展開の深さと切迫性を感じさせる。この点、ハンス・ヨナスが次のように語っているのは、妥当な主張であろう。

グノーシスはたんなる信仰を超える救済力をもつという考えそのものが、何らかの内的体験の存在を示唆している。その至高さによって、来るべき変容とより高い真理の所有を確信させるような、何らかの内的な証拠があったにちがいないのである。当時は内的体験を惹起するような心的傾向がきわめて広範かつ活発に存在した。だから、超越的絶対者との出会いとしか解釈できないような体験が――さまざまな程度において――実際に生起したであろう。これによって、人間主体は神を「知り」、そして自分が救われたことを「知った」のである。

（『グノーシスの宗教』秋山さと子・入江良平訳、人文書院、一九八六年、三八〇頁）

では、このグノーシス主義に可能な「体験」と否定神学的言語化は、禅の体験およびその言語とどのように比較されるのであろうか。実は、いま引いたハンス・ヨナスの書の訳者の一人、秋山さと子氏は、その「訳者あとがき」で、「グノーシスは禅だ」と主張するG・クィスペルとの対話を通じて、やがて禅における悟りの体験がグノーシス主義に似ていると自らも考えるに至ったさまを述べている。つまり、悟りの瞬間に禅者は、

自己の中心にあり、なおかつこの世界のすべてを統合するなにものかを知るのである。それは二世紀のグノーシス派のバシレイデスが説いたという「存在しない神」を見ることに近い。それを知るためには、自分の意識や、この宇宙の枠を越える飛躍が求められる。このような考え

方は、たしかに禅とグノーシス主義の両者に通じるものといえよう。（同書、四五四頁）

このような発言は、禅における悟りの世界の言語化と、グノーシス主義的「体験」の言語化とがどのように比較されるか、検討することを促さずにいない。そこでまず、禅の悟りの世界を表現する一典型例を見てみよう。

諸仏と一切衆生とは唯これ一心にして、更に別法なし。この心は無始よりこのかた、かつて生ぜず、かつて滅せず、青ならず黄ならず、形なく相なく、有無に属せず、新旧を許せず、長に非ず短に非ず、大に非ず小に非ず、一切の限量名言《げんりょうみょうごん》、蹤跡対待《しょうせきたいだい》を超過して、当体すなわち是、念を動ずればすなわち乖《そむ》く。なお虚空の辺際あることなく、測度すべからざるが如し……

（あらゆる仏と一切の人間とは、ただこの一心にほかならぬ。そのほかのなんらかのものは全くない。この心というものは、初めなき永劫の昔よりこのかた生じることもなく、滅ぶこともなく、いかなる色もなく、形体もなければ、相貌もなく、有るとも無いとも枠づけできず、新しいとも古いとも定められず、長くもなく短くもなく、大きくもなく小さくもなく、どのような計量と表現のしかたをも超えてあり、どのような跡づけかたと相対的な接近法からも遠く離れてあり、つまりは、そのものそのままがそれであって、それについての思念が働いたとたんに的をはずすことになる。それはちょうど涯もなくて測りようもない虚空のようなものだ……）

（入矢義高訳、ただし若干の語を調整）

これは、名高い臨済義玄《りんざいぎげん》の師である黄檗希運《おうばくきうん》（八世紀後半―九世紀前半）の著『伝心法要《でんしんほうよう》』の冒頭である。「かつて生ぜず、かつて滅せず」とか「大に非ず小に非ず」等、さきほどのグノーシス主義の否定神学的テキストとの類似は見過ごすことができない。もっともこうした表現は、曹洞宗であれ臨済宗であれ、禅仏教にとって最も重要な教典の一つである、有名な『般若心経』にその周知の例を持っている。

不生不滅、不垢不浄、不増不減、是故空中、無色、無受想行識、無眼耳鼻舌身意、無色声香味触法、無眼界、乃至無意識界
（生ぜず、滅せず、垢つかず、浄からず、増さず、減らず、この故に、空の中には、色（＝現象界）もなく、受も想も行も識もなく、眼も耳も鼻も舌も身も意もなく、色も声も香も味も触も法もなし。眼界もなく、乃至、意識界もなし）
（中村元訳）

要するところ、一切の規定を超越した世界を述べる点、そしてそれがすべて、さまざまな規定の「否定」の形式で述べるしかない点、さきのグノーシス文書の「否定の道」に酷似することは明白である。これらが互いに歴史的に影響し合ったということが確認できないならば、何よりも互いの事柄理解の相似性にその最大の起源を求めねばならないであろう。

なにゆえこのような「非限定的」表現が発生するかと言えば、いわゆる二元論的・相対的世界把

握が消滅する次元が体験的に現出したからであろう。二元論のない世界とは、端的に言えば自他の差別のない世界、この「自分」というものが一元論的真実相の中で滅している世界である。他を差別する「自分」が消滅すれば、「これとあれ、AとB」という差別化を行なう源が零化するわけであるから、客体的対象性が消え、完全非限定の世界と一つになった「自己」(あるいは「心」「神」「仏」等、何と呼んでもよい)の単純な明証性しか残らないのである。要するに言語的分節化がそのままで空無化してしまった世界であり、その点を後からあえて言語化しようとすれば、「あれでもない、これでもない、ないというのでもない」というような「否定神学」的矛盾言語にならざるを得ないのである。

私は、グノーシス主義の根源と禅との双方に、こうした非限定的・一元的実相把握の体験を想定してよいと思う。おそらくこの体験は、歴史的に規定されたものと言うよりは――ユングの「古型《アーキタイプ》」にも類似して――現在のホモ・サピエンス段階の人間一般に可能な生の実相把握の在り方なのである。したがって、こうした体験は、禅やグノーシス主義をさらに超えて、より広い範囲の文化圏や時代においても見いだすことが可能である。ヨーロッパ・キリスト教の神秘主義の伝統にも、イスラム教のスーフィズムにも、同等の言語現象があるのは容易に理解できることである。

* グノーシス主義者が上記のような言語表現の基になるような体験を得た場合、何らかの方法論が存在したのであろうか。禅ならばまさに狭義の「禅」であるdhyāna、すなわち「坐禅」という方法があるが、グノーシス主義の場合何らかの冥想的方法のようなものがあったのだろうか。これを指示するものは皆無に近いが、暗示的なものまで全くないということではないように思う。私は以前、ナグ・ハマディ文書中

のトマス福音書(原本は二世紀後半成立)に、あたかも禅の公案集のような様相を認めることができると論じた〔本書の次章参照〕。

ところで最大の疑問点は、禅者およびグノーシス主義者が、上記のような非限定的実相体験に遭遇した後、それをどのように悟得・深化していったかということである。

1・2　現実存在の否定

再び実例から始めよう。日本曹洞宗の開祖道元禅師の第四代目の法嗣であり、鶴見の総持寺の開山、瑩山紹瑾《けいざんじょうきん》(一二六八—一三二五年)は、一二九四年、二七歳にして悟りに達したと言われるが、その時の様子が興味深い。彼は自分の師匠の徹通義《てっつうぎ》介《かい》和尚が、有名な趙州和尚の「平常心是道《びょうじょうしんこれどう》」という公案を提唱するのを聞いて突如大悟したと言われている。その時師匠が、「なんじ、そもさんか会《え》す(お前、どのように会得したというのか)」と問うたのに対し、紹瑾は「黒漆の崑崙夜《こんろんや》裏《り》に奔《わし》る」と答えた。これは「黒うるしのコンロン産の真っ黒な玉が、真っ暗な夜の闇を疾走している」ということであるから、一切のものがかき消えた、見る者も見られる物も存在しない、純粋に空なエネルギーだけの世界、つまりさきほどの絶対非限定な一元世界を見取ったということである。しかしここで師匠の徹通和尚は許可せず、「未在、更に道《い》え(まだ駄目だ、さらにもう一句言え)」と突っぱねている。そこで紹瑾は——おそらくさらに参究を重ねた後——「茶に逢うては茶を喫し、飯に逢うては飯を喫す(茶に出会えば茶を飲み、飯に出会えば飯を食う)」と答えて漸く許されたという。

この意味をあえて理論的に言えば、「黒漆の崑崙夜裏に奔る《こんろんやりわし》」という世界を見ただけでは不十分だということである。その世界を見ると同時に、「茶に逢うては茶を喫し、飯に逢うては飯を喫す」という世界が見えなくてはならない。この両者は、二つのものではなく同一なのである。つまり、「本分の世界」すなわち絶対一元的・非限定の世界と、「現象の世界」すなわち日常的な二元的・限定の世界とは、同一現実の便宜的な裏表であり、一つのものなのである。なるほど後者だけに執着すれば単なる凡夫の世界であるが、逆に前者しか見ないのであれば、それもまた不幸な一面観でしかない。禅ではそれを「空病」ないし「禅病」と言い、身動きのとれぬ穴の中に落ち込んださまに喩える。般若心経の言葉で言えば、「色即是空(色〔＝現象界〕はすなわちこれ空〔＝超越的空無の世界〕)」であると同時に「空即是色(空はすなわちこれ色)」なのであって、単に前半の「色即是空」つまり「黒漆の崑崙夜裏に奔る《こんろんやりわし》」の世界だけなら、まだ実相の半面でしかないのである。一切の現象は実は黒漆の空無の世界であると同時に、その空無の世界が現象の世界そのものとなって現れているのである。禅の生命は、この「絶対矛盾の自己同一」的な逆説的相即の実相把握に在ると言ってよい。

では、グノーシス主義ではどうか。最大の問題は、グノーシス主義においては「否定神学」的真実が現象の世界から切断されて定立されていることである。いわば、「茶に逢うては茶を喫し、飯に逢うては飯を喫す」という現象の側面、あるいは「空即是色」の面が完全に欠落している、否、意図的に否定的な評価しか受けていないことである。グノーシス主義の神話に出現する造物神——

「デーミウルゴス」とか「ヤルダバオート」その他――はことごとく否定的な、悪魔的存在であり、それが造ったこの世界全体・宇宙全体は悪しきもの以外の何ものでもなく、至高者の世界との関係を金輪際持たないという絶対反世界的二元論――これがグノーシス主義の根本信条だからである。

ということは、単純化して言えば、グノーシス主義はその本来の非二元論的・「否定神学」的な体験を現実の世界の中では貫徹せずに――あるいはできずに――、至高者の世界と現実存在が絶対的に隔絶する二元論に舞い戻ってしまったことになる。そうなると、真の世界は至高なる世界として彼方にあるものの、現にあるものは悪しき世界であり、悪しき宇宙に堕さざるを得ない。いわば「絶対矛盾ゆえの此彼断絶」であり、禅の方から言わせれば、前述した「空病」の類にほかならない。あるいは浄土真宗的に言えば、グノーシス主義には絶対の世界に往く「往相」はあっても、再びこの世界に戻る「還相」が決定的なところで欠如していることになるであろう。

「色即是空、空即是色」の禅的命題が言うところは、現実存在は存在しつつ、全く実体のないものである、そして同時に、全く実体が剝奪されていながら、歴々として展開しているのが現実の世界だということである。それは、実体性を徹底的に否定されながら、実体の一切ない世界のかけがえのない具現として定立されていると言える。しかしグノーシス主義においては、此岸の世界とその宇宙とは至高なる彼岸界から切り離された悪しき実体および実体的権力として捉えられる。それらが空無化されることはない。したがってそれは、非妥協的な徹底否定の対象にしかならないのである。ここに禅とグノーシス主義の決定的な岐路が潜んでいる。

＊　もっとも、さきほどのトマス福音書には、次のようなロギオン（＝短い言表、言葉の意）がある――「木

を割りなさい。私はそこにいる。石を持ち上げなさい。そうすればあなたがたは、私をそこに見いだすであろう」(語録七七、荒井献訳)。しかしこの言葉は、同福音書のまぎれもなくグノーシス主義的な編集よりもさらに古い時点で成立していた言葉であろう。そもそも、「木を割る」ことや「石を持ち上げる」ことに――つまりこの現象の世界の具体的発現に――至高者が臨在するという考えは、厳密にはグノーシス主義と矛盾するものである。同福音書の編集者は、おそらく至高者界の此岸を超越した遍在性を言おうとして、本来からすれば非グノーシス的要素を含んだ当ロギオンをも編集してしまったのであろう。

なぜこのような差が生じたのかと問えば、やはりグノーシス主義の歴史的背景が問われざるを得ない。すなわちグノーシス主義は、総じてローマ帝国の絶対的権力に搾取されるがままの属州地域に発生し、展開した。すなわち、この世界に対する修復不可能な絶望と憎悪が根源に横たわっている。したがって、この世をはるかに超える「否定の道」的体験をしたとしても、それは己をこの現実世界から切断する方向を加速するのみで、この世界を何らかの意味で肯定したり、あわよくばそれを先の原体験の中にポジティヴに統合したりするようには働かなかったのである。ここにグノーシス主義の凄惨がある。

* 例外がないわけではない。幾ばくかのグノーシス主義者は、(劣等的立場にある)大教会の信者を「愛」し、その「愛」ゆえに彼らに仕え、認識を「与える」べきであると主張した(たとえばフィリポ福音書四五、一一〇)。しかしこの立場がどれだけグノーシス主義者の中で一般化できるかは疑わしい。もしこの方向がより強化されていたなら、歴史は若干なりとも別になっていたかもしれない。

他方、禅においては――釈尊に遡源する仏教そのものの姿勢同様――この世のはかない無常さと生の苦悩とが、「発心」の最大の動機となってはいる。目の前で父が溺れ死ぬのを目撃して後仏門に入った玄沙師備《げんしゃしび》（八三五―九〇八年）の話や、幼くして母を失った道元（一二〇〇―五三年）の発心は、禅門における典型例である。しかしながら禅では、この世が単純かつ全面的に否定の対象にのみ堕するという事態は決して生じない。これは禅が、そもそもこの世がそのように激しい憎悪の対象にはなっていない世界から出てきたからとも言えようし、あるいはそうなることを禅の智慧が必死で防いできたからとも捉えられよう。とにかくも結果においては、絶対的「否定の道」の体験の後、この世界を断罪し切り棄てにかかったか、あるいはこの世界を、同体験を完成さす不可欠の要素として統合する方向へ向かったかの点において、グノーシス主義の道と禅の道とは基本的に袂を分かつのである。

＊　一つだけ付加しておこう。それは、禅におけるこの統合的方向性において歴史的に確認できることは、禅がこの世とりわけその権力への批判として機能したことは少ないという事実である。確かに唐時代の禅には、政治の中枢から遠く離れた「野」の覇気があり、「会昌沙汰《えしょうさた》」（八四二年開始）と呼ばれた中央の廃仏政策すらものともしない威力が感じられた。しかしそうした迫力は宋代には薄らぎ、やがてその禅が日本に渡来すると――速やかに、あるいは時を経るうちに――権力者の保護を得、その傘下において拡張発展する事態となった。これが結局は最近において、第二次大戦中における禅者たちの戦争責任感の欠如が批判される根にもなっている（cf. B. Victoria, *Zen at War*, New York/Tokyo, 1997）。そもそも構造的に、非限定的本質世界が目前の現象世界と同一であることを揚言すれば、ややもすると現象界の不完全な部分や傷む部分をもそのままで「本質の現れ」として肯定し、悪しき意味の「日々是好日《にちにちこれこうじつ》」といった無責任・無関心に陥りやすい。私は、本質の世界がこの世と同一であることの真の認識からは別の現実把握と行動が出てきて当然であると思うが、そこまで徹せずに論理に流れれば、そのような「事なかれ主義」が出てくる危険性は大いにあると言わねばならない。この点で、グノーシス主義はあくまで非妥協的にこの世の権力

構造を拒否しており、その命懸けのエネルギーには確かに刮目すべきものがある。この点の詳論はしかし、後日に譲らねばならない。

1・3　神話的言語性

グノーシス主義において、一方で至高者の本質世界があり、他方において傲慢な造物神の造り上げた劣悪創造の世界があるとなれば、なぜ前者があるにもかかわらず後者が現れたのか、何としても説明を要することになる。この要請に答えようとするのがグノーシス主義の「神話」群である。その際、ハンス・ヨナスが提示したように、初めから善なる原理と悪なる原理が二元論的に定立されているところから説き起こす「イラン型」と、善なる一元論的原理のいわば部分的劣化としてこの世界・宇宙の発生を説明する「シリア・エジプト型」とが存在する。どちらにせよ、目前の悪しき権力現実の出現を合理的に解明しようとする試みである。同時にグノーシス主義は、そのような現実世界の只中で自己忘却の中に沈む人間が、いかにして本来の霊的本質に目覚め、この世的領域の一切を突破して本来の至高者界に帰還するかを、その壮大な神話体系で教示するのである。

他方、禅はそのような形而上学的「神話」をほとんど持たない。これにはもちろん、中国人たちが歴史上、そうした神話的思弁を好む民族ではなかったことにも由来することであろうが、それだけではない。むしろここには、構造的な原因がある。つまり、「彼岸の世界、即、此岸の世界」であり、同時に「此岸の世界、即、彼岸の世界」であるならば、彼岸があるにもかかわらず何ゆえ此岸が出てこなければならなかったかを問う必然性が生まれないのである。ましてや、その此岸が決してアプリオリに「劣悪」として断罪されているのでなければ、その必然性はますます発生しない。もちろんそれでも、此岸の世界自体がなぜ、どのようにして出てきたのかを問うことはできよう。それに対しては、おそらく禅仏教は永劫の昔からの「因果」の結果であると説き、「因縁」のなせるわざであると答えるだけであろう。その答を不満とし、さらにこの世界の原初はどこから発生したのかを執拗に問いつめれば、「わからない」という正直な返事が返ってくるであろう。この点、禅仏教は即物主義と言ってもいいほどの非思弁性を保持している。

もちろん禅仏教も、釈迦牟尼を含む過去七仏であるとか、あるいは観世音菩薩や地蔵菩薩等の菩薩その他の神話的形姿などを前提にしている。また、古代インドに発する「須弥山《しゅみせん》」とか「帝釈天」とか、あるいは「六道輪廻」とかのさまざまな宇宙論・世界観もそのまま受容している。しかしこうした神話的描出物は、禅の本質理解を形成する上で補助的な機能しか果たしておらず、決定的重要性を付与されているものではない。六道輪廻の表象にしても、それから「解脱」することが肝心なのであって、そのなかの「天」に生まれ変わることが理想として神話的に展開されているのでは全くない。

また、禅修行の行程および目標を描いたものとしては「十牛図」が名高い。とりわけ一一〇〇年頃の廓庵《かくあん》師遠《しおん》の「十牛図頌」があまねく有名である。これは禅の最終段階に至るさまを十の段階に分けて解き明かすものであるが、「悟り」の本質を「牛」に見立てるなど、一種の比喩的表現形式であって、「神話」ではない。したがって、現在の関連では正しい比較の対象にはなり得ない。

2 結論的観察

禅とグノーシス主義は、おそらくその根幹に想定される非限定的な実相覚知体験の中に共通性を持つ。しかし禅がそうした本質の世界をこの世の現実存在と相即するものと捉え、いわば超越をラディカルに内在化するのに対し、グノーシス主義はその両者を切断し、超越が目前の世界に内在することを徹底的に拒否する。この背後には、基本的に人間肯定的・性善説的な禅と、根本的にこの世に絶望し切っているグノーシス主義者たちとの歴史的差異が決定的である。しかし現世否定的なこのグノーシス主義は、結局はこの世と有機的な関係を構築できず、神話言語の中に思弁化・抽象化してしまい、キリスト教正統派教会の激しい攻撃・弾圧の中で徐々に衰退し、やがて歴史の表面からは滅び去ってしまった。その意味では、グノーシス主義を「失敗した禅」と呼んでよいかもしれない。しかしそれでも、グノーシス主義者たちの非妥協的な批判性には注目すべきものがあると同時に、彼らの中に想定される当初の絶対体験をいかに掬い上げて肯定的に展開するかは、はるか時代を超えた私たちの——とりわけ宗教文化史的危機に面している現代キリスト教者たちの——重要な課題となるように思われる。

第8章 『トマス福音書』と禅

1 『トマス福音書』とは何か

『トマスによる福音書』(短縮して『トマス福音書』)は、エジプトのナイル河上流にある、テーベの都近郊の地ナグ・ハマディから一九四五年に発掘された、いわゆる「ナグ・ハマディ文書」に属する一書である。同文書群は、コプト語で著されたグノーシス主義文書の「図書館」の如きものであったとされている。『トマス福音書』も、「グノーシス派」(初期キリスト教の中で、グノーシス主義の影響下にある潮流)的観点から編集された文書である。

グノーシス主義の定義は、さまざまに表現されているが、至高者と自己の本質が同一であることの覚知と、この世ないしこの宇宙一切を強く否定する在り方を基としていることは、誰でも認めるであろう。

『トマス福音書』は、その終わりに「トマスによる福音書」と奥付があるので「福音書」と呼ばれている。しかしこの書は、正典の福音書とはきわめて異なったものである。イエスの登場、活動、受難と死、復活というような物語的に構成された筋は全くない。そこには、「序文」に続いて「イエス」の一一四個と数えられる発言が収められているだけである。もっとも、それらの言葉は主に

「イエスは言った」の導入句で始まる(論語の「子曰く、……」に似る)ため、無人格的な格言の集積ではなく、「イエス」という具体的存在の発言の収集という質的規定が支配している。このように、何らかの程度の「枠」ないしは「場」が設定され、その中で中心人物の重要発言が締め括りをなす文学単位を専門的には「アポフテグマ」(ないし「クリア」)と呼ぶ。したがってトマス福音書は、正確には、「アポフテグマ」(ないし「クリア」)形式の語録の収集によって構成されている「語録集」と規定される(これは広くヨーロッパ古代世界に存在しただけでなく、上記の『論語』もこの類型に属することから分かるように、ほとんど人類に普遍的な文学類型である)。その意味では、トマス福音書は、「福音書」という一般的観念から相当に逸脱した「福音書」である。この作品の原本は失われて存在しないが、推定によれば紀元二世紀中頃、シリアのエデッサにおいて成立したものである。そもそもの原語はシリア語であったに違いないが、ナグ・ハマディ文書の中にはそれのコプト語翻訳版(より正確には、原本のギリシャ語訳のコプト語重訳版)が収められているのである。

トマス福音書は、内容的に三つの言葉のグループに大別される。一つは、すでに正典の共観福音書に並行記事があるもの(ヨハネ福音書との並行は僅少)。二つは、正典福音書以外の文献にすでに「アグラファ」(=「書かれざるもの」、すなわち新約聖書には書かれていない未知のイエスの言葉、の意)として流布していた言葉と並行するもの。三つ目は、これまで知られていなかった新しいイエスの言表である。とりわけ、第三のグループの語録の中に、実際ナザレのイエスに遡る新しい言葉があるのではないかと推察されたことで、一大センセーションが巻き起こった。ただし、この可能性はほとんど無に等しいと思われる。また、第一グループの語録が、共観福音書に収められている版(特に、いわゆる「Q文書」――マタイ福音書とルカ福音書に共通の資料となったと推定される、紀元六〇年代に最終の編集がなされた幻の文書――の文言)よりも古い段階に遡るものか否かも、依然論争の的となっている。なかんずく北米大陸の学者たちの中に、この可能性を強く支持する声がある(ケスター、ロビンソン、クロッサン、およびその弟子たち等)。

しかし私見によれば、この立場は暗黙の「ドグマ的」要請に従った見解である。すなわち、現在の北米大陸のイエス語録研究者たちには、イエスをできるだけ正典福音書のイメージから自由にさせようとする傾向がある。したがって、トマス福音書は逆に高く評価されることになる。具体的な点を例として挙げよう。正典福音書の(とりわけ「Q文書」中の)語録には強烈な終末期待の意識が見られるが、トマス福音書の語録には、そうした強い終末論的期待がほとんどない。そこで北米の語録研究者たちは、トマス福音書に流れてきた言葉の方がナザレのイエスの現実の発言に近く、正典福音書中の語録は、それが二次的に「終末論化」されたものである、と結論するのである。こうすることによって、実は現代にも通用する、非終末論的なイエス像が同時に呈示されることにもなる。間もなく世の終わりがくると信じて発言・行動したという共観福音書のイエスは、何とも現代の時間感覚に適合しないからである。しかしこれは大部分、キリスト教ドグマからの自由さを強調しようという学者的「ドグマ」のなせる業である。実際、トマス福音書の語録の緻密な研究結果が示すところによれば、同福音書中、正典福音書と並行する語録で、実際正典福音書の文言より古いと確証されるものはごく僅かであるように思われる(荒井献『トマスによる福音書』講談社学術文庫参照)。あるいは、たまたま理念的にはより古い伝承形態が示唆されていても、それはトマス福音書の編集者のグノーシス主義的編集の結果、偶然そのような外観になってしまった可能性が少なくない。いずれにしても、トマス福音書の伝承中に、共観福音書のそれより時間的に古い、したがって質的に地上のイエスの発言により近い文言を原則的に想定してかかる立場は、大きな困難を抱えていると言わざるを得ない。ということは、トマス福音書の中に地上のイエスの「原像」がそのまま保存されているかの如き意見は錯覚以上のものではないということである。

2　『トマス福音書』と禅の類似

それにしても、このような「福音書」は一体どのような用途に用いられたのか、つまりその「生活の座」(Sitz im Leben)は何であったのか。ここでは、一つの個人的な想定を略述する以上のことはできない。まず同福音書が、グノーシス主義の理論や神話体系を展開した教科書ではないことは瞭然としている。そもそもこれらの語録は、「序文」とそれに直続する言葉(「この言葉の解釈を見いだす者は死を味わうことがないであろう」(語録一二))を除けば、どう見ても一貫した意味のある並べ方をされていない。だが実は、このような「アポフテグマ」的発言の一見無意味な並べ方を意識的にしているものに——時代も空間も違うが——主に古代中国で編纂された禅宗の公案集がある。『無門関』とか『碧巌録』とか『従容録』とか数多いが、これらの「語録集」にも一貫した構成の意味というものがないのである。

いやむしろ、公案集の場合、知的・形式論理的に理解可能な構成上の意味は、むしろあってはならないのである。その中に収められた一つひとつの公案が各々一切なのであって、その一点を突破すれば総てが開ける質のものだからである。そもそも公案とは、どれもが皆、言語構造的に矛盾を内包しており、形式論理では解決が不可能なものばかりである。「遠い寺の鐘の音を止めよ」とか、「片手だけの音を出せ(隻手音声)」とか、「両親が生まれる前の自分の本来の顔を見つけてこい(父母未生前の汝が本来の面目)」とか、日常の論理では明らかに破綻するように造られている。したがって、禅を師匠の許で実際に学ぶ者は、その時々与えられる公案と必死で取り組み、自己意識の消滅する坐禅の三昧境《ざんまいきょう》においてそれと一つになることによって、それが発現してきた本質の世界へ突破しようとするのである。そうすれば、その世界がそれ固有の論理によって自然に答を開示してくれるのである。

ところでトマス福音書にも、禅の公案に似て、論理的には矛盾ないし不可解としか言えない発言が繰り返される。たとえば、

イエスが言った、「成った前に在った者は幸いである」 (語録一九)

イエスが言った、「……死人たちは生きないであろう。そして、生ける者たちは死なないであろう……」 (語録一一)

イエスが言った、「……木を割りなさい。私はそこにいる。石を持ち上げなさい。そうすれば

あなたがたは、私をそこに見いだすであろう」

（語録七七、以上荒井献訳）

これらは皆、形式論理では納得不可能であるか、せいぜい観念的に首肯できるものでしかない。しかし、至高者の真理の超論理が直覚的に分かれば自然に解ける質のものなのである。そうであれば、ここに一つの想定が浮上する。――もしかしたらトマス福音書も、その実「グノーシス派の公案集」の如きものであったのではないか、ということである。まだ成熟に達していないグノーシス主義者は、その中の一つひとつと瞑想的に取り組むことによって、何よりもその背後の至高者の真理にまで体験的に突入することが目されているのではないであろうか。もしそうであれば、一つひとつの語録が「イエスが言った」と導入され、いわば個々独立的に扱われていることも頷けるのである。

この思いつきは、さほど根も葉もないものではない。そもそもトマス福音書には、すでにさきほど引用したように、禅の言辞に酷似する発言が数多く存在する。これをどのようにして、「解説」を超えた生きた現実として提示するかを問うならば、それらの語録はそのままで見事な公案なのである（たとえば、さきほどの語録一九「成った前に在った者は幸いである」と禅公案「父母未生前の汝が本来の面目」を比較せよ！）。

3 「空」の思想

ここでさらに、禅とトマス福音書の本質をスケッチ的に比較してみよう。禅の根本認識は、自己が全く実体のないものであること、そして同時同一的に、いわゆる客観界もまた完全に実体のないものであることの認識である。便宜上、前者を「人空《にんくう》」、後者を「法空《ほっくう》」という。「空」とは要するに実体性ゼロの事実のことである。これは究極的現実の現象学的言辞であって、別に人格的表象を使えば、「仏」となる。とすると、グノーシス主義における救済原理である「至高者と自己との同一性」は、禅の言葉で言えば「人空」の認識と並行することになろう。「人」すなわち自己の本質が、「空」すなわち「仏」すなわち「至高者」ないし「父」と寸部も違わないというのである。トマス福音書はこの至高者の世界を「光」とも言い、「王国」(荒井訳では「御国」)とも言う。禅でも「光明」とか「月」とかの「光」のメタファーを使ったり、「王国」の代わりに「浄土」と言ったりもする。禅においては、この「至高者」の世界を表す言葉は実際は何であってもよいのであって、事実上その数は無限にあることになる。

ただその中でも、やはり「空」という言葉は大乗禅のキーワードと言ってよい。この語は一つの神話的概念であるより、体験的・現象論的言語なのである。ならば、この語はトマス福音書には出てくるだろうか。実はそれが二度ほどある。

イエスが言った、「……彼らは彼らの心の中で盲目であり、彼らは空《から》でこの世に来、再び空《から》でこの世から出ようとしていることを見ることがないからである」。(語録二八、なお荒井訳は若干異なる)

イエスが言った、「〔父の〕国は、粉を満たした〔壺〕を担い、〔ある〕遠い道を行く女のようなものである。壺の耳が壊れた。粉が彼女の後ろ、道〔に〕流れ落ちた。（しかし）、彼女はそれに気づかなかった。彼女は禍いを知らなかったのである。彼女が家に着いたとき、彼女は壺を下に置き、それが空であることを発見した」。（語録九七、なお荒井訳は若干異なる）

このうち、二番目の語録の「空」がどこまで肯定的なものとして理解できるかは議論の余地があろう。「粉」を失ったことを「禍い」と捉えているからである。しかし、「彼女は禍いを知らなかったのである」は、二次的な説明句ともとれるし、あるいは「禍い」とはカッコ付きの、「いわゆる『禍い』」ほどの意味かもしれない。何よりも、遠い道のりの最後に壺を「空」であると発見する女の姿が、「父の国」と比べられている点に意義があろう。禅的にいえば、この「壺」の「空」性を発見することこそが最初の重要な関門なのである。――もっとも、厳密には、グノーシス主義における究極者の表現と禅の「空」との比較検討は、将来的にグノーシス学者の研究をまたねばならないであろうが。

とにかくも、禅ではこの「人空・法空」の体験的発見が、救いなのである。なぜならば、それが何よりも理屈をこえて、体験的な「大安心」をもたらすからである。これは、トマス福音書で「安息」（語録五〇）と言われているものと並行するであろう。また「空」であるとは、実体が一切ないということであるから、この生も死も実体性を喪失し、「空」の一事に帰する。別の言い方をすれば、トマス福音書同様、死んでも「死なない」(語録一、その他)ことがそのまま腑に落ちるのである。

その際、一つ問題となるのは、トマス福音書の「イエス」の位置である。つまり、トマス福音書ではどこまで絶対的・独一的にイエスの救済論的意味が主張されているか、である。周知のように、禅および仏教では、排他的な救済者がいない。釈迦牟尼は確かに圧倒的存在ではあっても、結局のところ「先達」であり、「同等な者たちの第一人者」(primus inter pares)なのである。その背後には、「衆生本来仏なり」という大公理が控えているためである。すなわち、一般人も本質の次元では、釈迦牟尼と同じ「仏」にほかならない、という事実である。

この点、トマス福音書は興味深い。ここでは「イエス」は、それぞれの語録を導入し(「イエスが言った」)、それによって各語録のいわば磁場を形成する存在である。しかしそれでは絶対排他的な超人格性が主張されているのかと言うと、それは当たらない。何しろトマス福音書のイエスは、「光」すなわち至高者から出てきた「光」そのものであるが(語録七七)、その弟子たちも同じように「光からきた」(語録五〇)者であり、「光の子ら」(同)であって、本質的にイエスと同等だからである。その意味で、トマス福音書の「イエス」は、『臨済録』の中の臨済禅師や、『趙州録』の中の趙州和尚の存在と最終的には選ぶところがない。この点に、正典の「イエス」の意味づけとの基本的な差が現れていると言えよう。

それでは今度は、トマス福音書のキーワードである「単独者」なる語(語録一六、二三、四九など)はどうか。この単語に相当するものが禅の世界に特別に存在するということはない。しかし禅の修行において、学人が自分の外部的な条件およびそれに付随する意識の一切を棄却せねばならないことは大前提である。自己の内外の何らかの対象に心が付着することが道を邪魔するのであり、そのために、何よりも己の「心路を絶する」(『無門関』第一則)ことが要求される。見方によっては、これこそ「単独者」に成り切る道であるとしてよいであろう。また、この過程が、トマス福音書における「単独者」がたどる如く、内的な「苦しみ」(語録五八など)の過程であることも、禅では当然視されている。そしてその究極の意味が、「二つのものを一つにする」ことにある点も、禅とトマス福音書とにおいて一致するところである。

ただ、大きな差は、この「一つになる」という意味が、トマス福音書では「原初的統合の回復」すなわち両性具有的始源の状態の回復である(荒井献、前掲書、三一三頁以下参照)のに対し、禅においては、主体と客体の妄想的二元分裂を超えた一元の事実の世界に参入することを意味する点である。さきほど、禅では「人空」と並んで「法空」——すなわち客観現象界の「空」なること——の認識が根本的であることを述べた。このことの意味は、「人」(自己)も「法」(現象界)も「空」すなわちゼロであることによって、ないしはそれであるからこそ「一つ」という覚知が発生するということである。しかしながら、そのような「法空」に当たるものがグノーシス主義には厳密には存在しない。おそらくここに、トマス福音書ないしはグノーシス主義と禅との最大の差がある。

つまり、グノーシス主義においては、宇宙論的とも言うべきラディカルな二元論が支配しており、その限りにおいてこの現象世界は第一義的には否定の対象でしかない。しかるに、禅において現象世界の「空」を認識することとは、現象世界を「否定」の対象とすることとは全く別物なのである。それは現象世界の一木一草をも「仏」(「空」の別名)と観ずることと相即であって、この点こそ、グノーシス主義の認め得るところではないのである。

もっともトマス福音書に編集されている伝承においては、こうしたグノーシス的世界観が完全に貫徹してはいない点に独自の意義がある。たとえば、さきほど引用した語録七七に組み込まれている言葉などからは、現象界の単なる否定は導出できない。なぜなら、「木を割る」ことや「石を持ち上げる」ことと「私」すなわち「イエス」／至高者が同一だと言っているからである。ただし、トマス福音書の中では、こうした伝承も大筋ではグノーシス的観点から編集し直されていることは明らかである。トマスにとって、「この世」は畢竟「屍」(語録五六)的なもの、「棄てる」対象物(語録一一〇)でしかない。したがって、「二つのものを一つにする」と言っても、編集者トマスの視点からすれば、自己とこの世を一つにするという方向には進むはずがないのである。現象世界を捨象し、唯一残った自己の世界の統一体を志向するとすれば、「両性具有的」な原人像を観念的に追い求める如き業で終わってしまっても不思議はない。禅では、現象界を単に否定的にしか見られないことを「空病」と呼び、強くこれを戒めているが、グノーシス主義では、まさにその空病に近いものが支配している感がある。禅の目から見れば、グノーシス主義はいわば未完成の禅であり、現実界の有機的な統合に致命的に失敗した試みのように映るであろう。

以上述べた、トマス福音書と禅の関係の素描を結論的にまとめてみよう。その編集以前の個々の語録の段階を考えれば、部分的にではあれ、トマス福音書は禅そのものと通じる本質の世界を興味深く開示している。ただし、グノーシス主義的編集の段階においては、グノーシス主義総体がそうであるように、現実界への原則的否定志向の故に、いわば座礁した禅の姿しか示していない、と言わざるを得ないであろう。

第9章　禅とキリスト教の合焦点

1　空性と関係

禅——正確には禅仏教——とキリスト教の類似点、あるいは合致する点はどこにあるか、とはよく耳にする話題である。禅仏教とキリスト教は、使用している言語とその表象が大いに異なっているので、返答は単純ではない。比較宗教学の見地からさまざまな応答の試みがなされうるであろうが、とどのつまり、禅仏教とキリスト教が、互いにどれほど言語表象の異なった世界に生息しているかの再確認に終わることが少なくない。

　つまり、禅仏教とキリスト教は、表象観念の世界で比較される限りにおいて、きわめて異なっていて、容易な合体を許すものではない。単純に類型的に見ても、禅仏教は、あらゆる存在の空性を根源に据えることによって、いわば「存在論的」(正確には非存在論的)な言語を語り、キリスト教は、神ないしキリストとの関係を最重要視する点において「関係論的」な言語を語っている。もちろん、禅仏教も「縁起」を提起する点において関係論的であり、またキリスト教も「無からの創造」を語る点において存在論的でもある。しかし、最も中核的な言語的関心からすれば、両者間に言語ヴェクトルの基本的な差異があることは否めない。これに加えて、文化的・歴史的な前提および背景と、それゆえの自己開陳の形態がきわめて異なっている。したがって、この世界をどう見ているか、人間の現状をどう理解しているか、何をもって人間の救いとするか、人間の爾後の運命をどう見ているか等々、互いに独自の言語を語ることになるのである。

2　自己の死滅

そこで以下においては、そうした表象世界の観念整合性ではなく、いわば人間論的な〈体験の論理性〉に着目してみる。そうすると、私見では、少なくとも一個の合焦点が浮かび上がってくると思われる。鍵となる言葉は「自己の死滅」である。

2・1　大死一番

まず、禅の方から接近しよう。禅の修行に精進する者は、何よりも熱心に坐禅をするであろう。しかし、自室でただ坐禅しているだけでは、何も起こらないか、もし起こっても、自己流の解釈と処置を施してしまい、十中八九、迷路隘路に逸れていく。したがって、坐禅実践そのものと同じく大事なことは、有能かつ明眼の師匠の指導を受けること、いわゆる正師に師事して参禅することである。道元禅師は、「正師を得ざれば学ばざるに如かず[1]」とすら言っている。そうして正師につき、とりわけ公案[2]を与えられて参禅するとどうなるか。集中度の差もあろうが、結局は公案を解こうとするがどうしても解くことができず、二進《にっち》も三進《さっち》もいかなくなる。この時には、自分のこれまでの教育とか、知力とか、社会的地位とか、業績とか、財力とかは一切意味をなさない。解決を要求してやまない公案が鉄壁のように覆い被さり、果ては修行者の自己を摩滅していく。現代語で言えば、自己のアイデンティティが崩壊するのである。『無門関』の著者、無門和尚の言葉を借りれば、「箇の熱鉄丸を呑了するが如くに相い似て、吐けども又た吐き出さず[3]」ということになる。そしてやがて、公案に完全に呑まれてしまい、「心路が絶する」、あるいは一切の心的活動が空無化してしまうことになる。禅ではこれを「大死《だいし》一番《いちばん》」と呼んでいる。この自己の死滅が透徹するある点において、何かを契機として一切が開く。抜隊《ばっすい》禅師の言葉で言えば、「死はてたる者の蘇生するが如くなる[4]」時、影も形もなく死滅した自己が個々の一切となって「大活現成《だいかつげんじょう》」する。この、自己のアイデンティティが崩壊し、やがて自己の意識が壊滅し切るに至るプロセスを、参禅という形で方法論化し、徹底してその極点まで追い詰めていくところに、禅、それも公案禅の卓越さがある。

　もっとも、この自己死滅の事態は、公案を使わなければ決して生じないわけではない。ただ打ち坐るところの、いわゆる「只管打坐《しかんたざ》」でも不可能ではなく、まだ公案なるものがそれほど一般的でなかった初期の中国禅では、おそらく全員が只管打坐で大悟大活に至ったのであろう。しかしその際には、坐禅に託した、並外れて深い希求心――これを「疑団」という――と、実際に長期間におよぶ集中的打坐が必要であろう。諸事象のめまぐるしく展開する現代に生きざるを得ない者には、後者を確保することがかなり難しい。いずれにせよ、只管打坐が漸く熟して異次元の世界が開示されたときも、やはり「自己意識の死滅」という核心は必ず通過するはずである。一九世紀の臨済禅僧、今北洪川は、その自伝的叙述からすれば只管打坐で証悟したようであるが、その瞬間を次のように叙述している――「一夜定中、忽然前後際断し……恰も大死底のごとく、一切物我有ることを覚えず」[5]。これは自己が死滅した瞬間の雄弁な証言である。

2・2 公案としての「イエスの惨死」

他方、キリスト教はどうか。後代に「キリスト教」と呼ばれるに至った運動の原点にあるものは、イエスの杭殺刑とその直後の事件である。今その事実の次第を振り返ってみたい。

イエスが逮捕される時、その弟子たち――正確には「同志たち」と言うのが正しいが――が皆、彼を見棄てて逃げ去ったこと(マルコ一四50)は間違いなく史実である。福音書の受難物語は、この事実を、ペトロに代表させて徹底的に描いている。すなわちペトロは、死地に赴くともイエスを棄てたりはしないと断言した(マルコ一四27-31)直後、イエスの逮捕の瞬間が襲来するや、イエスを置き去りにして逃げていく。またその後も、「お前もあいつと一緒だったろう」と問い詰められると、「あんな男なぞ知らぬ」と否認するのである(マルコ一四66-72)。伝承は、このことが三度におよんだとまで言う。この後、イエスは処刑されるが、その時にも(とりわけ男の)弟子たちは、誰一人ゴルゴタの場にすらいなかった。そしてイエスの埋葬も、彼らによってなされたという伝承はなく、アリマタヤのヨセフという、むしろイエス派運動の敵対者層である「長老たち」の一人がイエスを葬ったという(マルコ一五42-47)。アリマタヤのヨセフがいなければ、イエスの死体は最終的には死体処理用の穴の中にでも投げ込まれたであろう[6]。つまり、師の遺体を自ら埋葬することもしなかった点で、弟子たちはイエスの死の直後も彼を二重に見棄てたことになる。

一体この時、ペトロをはじめとする彼らの心的状態はいかなるものであったか。残念ながら、このところを描いている伝承は全くない。最も知りたいことを知り得ないのは残念至極であるが、あえて心理的想定を行なってみたい。

弟子たちからすれば、イエスの逮捕と処刑は、これまでの彼らの期待を全く裏切った出来事であり、甚だしいショックであったろう。しかしそれと同時に、そのイエスを自らが裏切ってしまったという巨大な負い目を背負い込んでしまったと思われる。この負い目は、まず、メシア的存在イエスに信従する者としてのこれまでの彼らのアイデンティティを壊滅させたであろう。イエスに期待し、イエスを崇め、イエスと共に神の国のために働くことを夢見ていたとすればなおさらである。しかし、単にアイデンティティを崩壊させたのみではなく、結局は自己意識を惑乱させ、やがては自己の壊滅状態を招来したのではないかと思われる。

つまり、ここにおいて、死に就いたイエス自体が過酷なリアリティで彼らの意識を占領したと思われる。寝ても覚めても、彼らに見棄てられて死んだイエスが脳裏から去ることがなかったはずである。いわば杭殺柱に懸けられたイエスが、彼らにとっては突如「公案」に転化したのである。彼らは巨大な疑団の中に呑まれ込んでいったのであろう。

私は、イエスが「現れた」(Iコリント一五5)のは、弟子たちにおけるそうした自己の死滅点においてであったに相違ないと思う。古い伝承が、その最初の体験者として、イエスを裏切った代表者であるペトロを挙げているのは偶然とは思われない。彼の自己認識と世界認識の壊滅の底で、彼の自己意識が絶え、惨殺のイエス像の中に呑まれ去った茫然自失のある瞬間に、認識の逆転が生じたものと思われる。それによって生死の壁が透明化し、イエスの杭殺という公案が、そのままで答になって現れたのであろう。それが当時の表象世界の言語で「イエスが(活きて)現れた」、と表現されたのである。(7) 実を言えばこの時、ペトロ自身こそが「復活」したのである。

もっとも、自己意識が死滅すれば自動的にそうなるかと言えば、そうではない。自己意識がほとんど壊滅したも同然になりながらも、そのまま生きていく人もいれば、自己壊滅が自己処罰の発作を生み、自殺に終わる人もいる。現実の世界は定式化はできない。しかし、実際の世界のドラマを通し、過重なほどの負い目や悲しみによって自己の中核が死滅し、それがもとで逆に世界と自己が全く一新してしまう体験を持つ者は決して少なくないのである。

3 信と体験

つまり、私見によれば、禅とキリスト教の「合焦点」は、公案的事態の発生による自己の死滅と、それを通過して逆説的に与えられ得る大活体験の構造にある。禅はこれを意識的に構築し、いわば——語弊を顧みず言えば——、僧堂という実験室空間で純粋培養し、それを方法論的に再現可能に保持してきた。他方キリスト教は、おおむねそのような方法論化を行なおうとはせず、当初に起こった凄惨な生殺ドラマのどんでん返しの帰結事を、神の奇蹟の業《わざ》として「信ずる」対象にしていったのである。

キリスト教の側から言えば、この神の「業」に十全な「信」を置こうとするならば、この構造を己が事実として追体験することがどうしても求められてくるであろう。しかしながら、それを追体験するために、自らも実際にペトロの如く人を裏切って死に追いやるという「方法」を自覚的にとるわけにはいかない。そこでペトロやユダのことを思い、自分の中の同質の罪性を見据え、祈りにおいて告白して間接的な追体験を渇望するということになろう。しかしこの時に、単なる「祈り」や「黙想」以外に、何かの道が必要なのである。あえて言えば、キリスト教には自己死滅を直接的・体験的に通らせる「方法論」が欠如しているのである。

もちろん、その後のキリスト教に、いわゆる「神秘主義」があることは周知である。そして神秘主義は、その体験の根幹にこうした自己死滅の体験を確実に内包している。古くは使徒パウロが、「私はキリストと共に杭殺柱につけられてしまっている。生きているのはもはや私ではない。キリストが私のうちにあって生きているのだ」(ガラテヤ二19-20)と言う時、それはダマスクス近郊での彼の自己死滅体験の総括であり、現在化である。あるいは一三世紀イタリアの聖人ボナヴェントゥーラの言葉も自己滅亡の体験を証しする——

この「死」を愛する者は、神を見ることができる。なぜならば、「私(＝神)を見てなお生きていることができる者は一人もいない」ということは疑いもなく真実だからである。(8)

しかしながら、神秘主義は、いかにしてその自己の死滅を自ら追体験するかの具体的な方法論を示していない。かの偉大なマイスター・エックハルトも、「自分を棄てる」という日常底での自己否定は強調するものの、どのようにして自己死滅のかの極点にまで至るかは、具体的な道として説き示していない。唯一、一四世紀イギリスで成立した作者不詳の教本『不知の雲』[9](The Cloud of Unknowing)のみが、ごく短い言葉(「神」「罪」等々)を一種の公案のように拈提《ねんてい》するという修行の道を示している。ただし、禅のように身体をどのように活用するかは語っていないし、どこまで現実に効果的に活用されていたのかは分からない。結局のところ、神秘主義は、霊的に恵まれたいわば天才たちが紡いできた潮流であって、一般の心根をもった信者たちにとっては常に高嶺の花であったというのが真実であろう。あるいは神秘主義と言うならば、そうした天才たちの書き物が珍重され、人々をどこか慰め続けてきた、という流れが続いたということである。つまり、どちらにせよ、キリスト教は神秘主義的〈体験〉――自己死滅の体験――を方法論化して普及することを、今に至るまで緊急の課題として意識することがなかったのである。

私はここに、禅の体験的方法論がキリスト教に真の意味で力を貸しうる最大のエリアがあると思っている。とりわけ、その体験的空洞化に悩む現代のキリスト教にとって、一つの巨大な助力の可能性を示しているように感じている。禅の修行方法を通して、キリスト教の根源に横たわる「大死」即「大活」の原事実を体験的に確認することがようやく可能になると考えるからである。実際、そのような坐禅運動が世界のここかしこで起こっているのを見るにつけ、この発想が決して単なるファンタジーではないと確信するのである。

(1)『道元禅師全集5　学道用心集』春秋社、一九八九年、二一四―二一五頁。

(2) 公案に関しては、本書一九三—一九四頁参照。

(3) 『無門関』西村恵信(訳注)、岩波文庫、一九九四年、一二二頁。「あたかも一箇の熱した鉄の玉を呑み込んでしまったようで、吐き出そうとしても吐き出せない」の意。

(4) 「抜隊仮名法語」『成佛之真路』禅門法語叢書1、みづほ書房、一九七一年、六七頁。

(5) 今北洪川『禅海一瀾』岩波文庫、一九三五年、二六頁。

(6) 私は、アリマタヤのヨセフのイエス埋葬の記事は、基本的に史実であるととる。

(7) この関連で思い出すのは、日本の臨済宗中興の祖、白隠慧鶴禅師の最初の見性の瞬間である。その時彼は、かつて盗賊に惨殺され、不条理の死を遂げた巌頭全豁禅師(八八七年、六〇歳で斬殺さる)の謎が解け、「ああ、巌頭和尚はまめ息災であったわやい！」と叫んだという(一七〇九年、禅師二四歳の時。『白隠和尚全集』光融館、一九〇九年、一一頁(現代仮名遣いにした)。白隠禅師自筆の『八重葎《やえむぐら》 巻之三』(『白隠禅師法語全集 七』芳澤勝弘(訳注)、禅文化研究所、一九九九年、一五三頁)によると、「希有なる哉、巌頭老人依然として好在なり」とある。要するに、斬殺された巌頭禅師が無事だということである。

(8) Itinerarium mentis in Deum VII, 6.

(9) A. Baker-J. McCann (comm. /ed.): The Cloud of Unknowing and Other Treatises, London ^{6}1952 (訳は『不可知の雲』奥田平八郎訳、現代思潮社、一九六九年)。Unknowing は「不可知」ではなく、「不知」と訳すべきである。

第10章　「聖書的公案」に寄せて

まえおき

坐禅に関わる者なら、誰でも「公案」については聞き及んでいよう。しかし、正確には公案とは何であろうか。また、「聖書的」公案という場合、一体何が意味されているのであろうか。そもそもどのような意味で、「聖書的公案」が可能なのであろうか。この小論は、こうした問いを幾分なりとも明らかにしようとするものである。

1　公　案

1・1　言葉の意味

「公案」とは、文字通りには「交府之案牘《あんとく》」の意とされるが、これは公の法律条文を意味する。(1)しかしこの意味合いは、公案という語が実践的に理解されているところからは相当に隔たっていると言わねばならない。そもそも禅においては、公案の語源的な意味などを真剣に探ろうとはせず、個々の具体的な「公案」による修行に精を出してきたというのが歴史的事実である。

しかしながら、この語の元来の意味を説明しようとするある特定の説を顧みることは、必ずしも意味なしとしない。イエズス会の愛宮真備《えのみやまきび》神父(Father Hugo Enomiya-Lassalle)は、その著書の一つにおいて次のように述べている。「元来の単語はヴェーダに由来し、『私は誰か』(ko ayan あるいは ko aham)ほどの意味を持つ」[2]。より正確に言えば、サンスクリットで「私は誰か」は、ko'ham(ないし kaH aham)?[3]と言う。「公案」が中国語で kung-an であることを考えれば、このサンスクリット語が「公案」の元形である可能性は確かに高いように思われる。このサンスクリットの原語を中国の翻訳者が、「公」と「案」の漢字を用いて音韻的に移し替えたのであろう[4]。

そうであれば大変興味深いことであるが、「公案」という語自体が、その内に禅の核心的な問題を潜めていることになる。すなわち、「己事究明」、真実の自己への問いである。思えば、この問題——「私とは誰か」——は、二〇世紀インドの聖者の一人、ラマナ・マハルシにとっての最大の問いであった。「修行とは何か」と問う弟子の一人に、彼は「『私』の根源をもとめることだ」と答えた[5]。同様のことは、一四世紀日本の有名な抜隊得勝《ばっすいとくしょう》禅師(一三二七—八七年)にも言えよう。彼は弟子たちに、「自心これ何物ぞ」[6]と間断なく問うことを要求した。「父母未生以前」の「汝が本来の面目」[7]は何か(『無門関』第二三則参照)と尋ねる有名な公案も、真実の自己を尋ねる以外のものではない。

こうして、二つの重要な点が自然と浮上する。第一は、公案は基本的に問いであるということ。第二に、公案とは、ただ真実の自己、すなわちいわゆる「本分の世界」、あるいは私たちの原事実の世界を追求するものだということである。

1・2　公案の本来の機能

1・2・1　方法としての公案

事実、多くの公案が「問い」の姿をしている。典型例を挙げよう——

或庵曰く、「西天の胡子《こす》、甚《なん》に因ってか鬚無き⑻」。（『無門関』第四則）

他方、文章構成上は「問い」でない公案も多数存在する。しかし、たとえ文章としては問いの形をしていなくても、公案は本質的に問いであり、それに対してはある特定の答をもって、あるいは具体的な事実の提示をもって臨むべきである点は変わらない。あまねく有名な以下の公案参照——

趙州和尚、因みに僧問う、「狗子に還って仏性有りや也《ま》た無しや」。州云く、「無⑼」。（『無門関』第一則）

実際にこの公案を携えて参禅する者は、独参室において師匠から常に「『無』とは何か」と尋ねられる。あるいは、言葉でそう尋ねられなくとも、師匠の存在がそう問うてくる。この公案は、本質的に妥協を許さない問いなのである。

確かに、公案は様式からすれば決して一律ではなく、形態もさまざまである。宋代には一千七百則を数えたとも言う。しかしながら、それらは皆、おのおの真実の自己を尋ねるものであるという点では、すべて統一的な成立を見ていると言える。もっとも、公案の言語は一般の理性的思考に逆行して、どれもこれもひどく背理的である。論理的には矛盾している、あるいは論理が破綻しているその姿からして、知的・理性的に答えようとしても答えることができない。公案は、実は本質の世界ないしは真実の自己への一瞥を通してのみ、返答可能になってくるのである[10]。この一瞥は、理性的思考の彼岸にあって、そうした思考が摩滅する中に、瞬時に生起する体験を通してのみ得られる。逆に言えば、公案によって、論理的思考は袋小路に追い詰められる。それによって、論理的思考そのものを放棄し、従来の「私」というアイデンティティ自体の放棄が要求される。それによって初めて、真実の世界を体験視する可能性が造成されるのである。すなわち、公案は何よりもまず、それを通して上記の世界を体験視するための「方法」であると言える。

1・2・2　真の自己の現れとしての公案

公案はしかし、単に方法論的なものではない。公案とは、真実の自己ないしは真の現実界への問いであるだけでなく、それへの答自体を直接的に表現したもの——あるいは穏当に表現すれば、少なくともその答を内包するものなのである。すなわち、公案はその問うている姿自体において、真実の自己の直接指示であるか、さきほど引用した公案のようにそれの直截的な具現なのである。

或庵曰く、「西天の胡子、甚に因ってか鬚無き」。

「西天の胡子」とは達磨大師を意味する。私たちは普段、達磨大師があつい鬚を携えて描かれるのを知っている。しかしこの公案は、その達磨大師には実は鬚がないという。確かに、真の自己への一瞥をもってすれば、達磨大師に鬚がないことがそのまま見て取れ、納得できる。つまりこの公案は、初めから真実そのものを描いていたのである。

あるいは無字の公案も例外ではない――

趙州和尚、因みに僧問う、「狗子に還って仏性有りや也た無しや」。州云く、「無」。

この公案がそれ自体で答であることは、ことによるとそう容易には見て取れないかもしれない。しかし真の自己への体験視によって、趙州和尚の発した「無！」の事実が僧の問いに対する完璧な答になっていることが呑み込める。言葉を換えれば、公案とはそのままで、本質の世界の全き具現なのである。(11)

1・2・3　公案の二つの次元

一つ注記を付加したい。大まかに言って、公案との取り組みにおいて二つの次元が区別されうる。一つは、独参室における公案であり、もう一つは現実の生活の只中における公案である。

公案はまず、正師の独参室で扱われなければならない。師匠を前にして公案を解くということは、ずいぶんと脂汗を流す作業である。しかし、肝要な眼があれば、適した答を活きた事実の姿で提示できないことはない。それによって公案は「解けた」と見なされ、普通は次の公案に進む。この意味における公案は修行の対象、修行の素材と言ってよい。

しかし、同じ公案が実際の生活、実人生に転移されてみると、見えるものがいささか異なる場合が少なくない。この次元においては、ある特定の答で「一丁上がり」になるわけにはいかない事態に気づくのである。時には、その公案の威力に人生の終わりまでも耐え、またそれを担っていかねばならない場合がある。実人生という次元は、しばしば元来の公案に、独参室では思ってもみなかった先鋭化をもたらさずにいない。

如何なるか是《こ》れ道。――明眼の人、井に落つ。(12)

（『碧巌録』第一三則評唱参照）

多少の見識があれば、巴陵《はりょう》禅師（一〇世紀の人）が造ったというこの公案を独参室で解くのはさほど難しくない。しかし、自分が実生活で「井戸に落ちた」らどうなるか。リストラで解雇され、さらにはあと半年の命と宣告され、連れ合う者に先立たれ、子どもも事故で失う……そのような羽目に陥ったとき、この公案は何を開示するか。

すなわち、公案はその威力を独参室でのみ発揮するのではなく、実生活でも、あるいは、実生活実人生でこそ、十全の振幅をもって開陳するものである。公案は修行の素材だけではなく、人生の姿そのものでもある。公案を底なしに深く体験するのは、ただ己固有の実生活実人生においてであると言っても、過言ではない。

2　聖書的公案

2・1　「聖書的」？

2・1・1　聖書と禅の並行例？

以上のような「公案」の語の説明の後、よりによって「聖書的」公案について語るとは何を意味するであろうか。この質問は、すでに禅仏教の公案と聖書の発言ないしはペリコペー[13]間の、とりわけテーマや言語や構造などに関して考察した作品が存在しているのであれば、なお正当なものである[14]。しかし本論では、既存公案と聖書との形式的並行例をさらに提示することには主眼を置かない。そのような並行例はなお多く存在しようが、たとえ並行例がなくとも、「聖書的」公案に関する本論の問題提起は妥当性を失わないと思われる。

2・1・2　人間学的な原事実

大事なことは、本論で意味されている「聖書的」公案は、特殊に「キリスト教的」な真実の明示ないしは深化などを目的としてはいない点である。確かに聖書的公案との取り組みは、そうした果実をも結果として持ちうるが、しかし初めから「キリスト教的」真理なる観念を所持すると、それに囚われることになり、それを超えて、人間であることの生のままの現実に到達することがきわめて困難になりかねない。言葉を換えれば、ここで第一義的に問題にしたいのは、私たちの真の自己の神学的内容ではなく、人間学的原事実なのである。私が頭を壁にぶつければ痛いのは、神学的な真実ではなく、純粋に人間学的な事実であって、それは私がこの事実を「神学的に」いかに説明しようと変わらない。この「痛い！」という事実の明証性は、いかなる神学にも哲学にも規定されてはおらず、体験された原事実自体の中に直接に存していると言える。

「聖書的公案」という言葉が意味するものは、聖書が、多種多様な素材を含む豊かな宝庫として受け取られているということである。それらの素材を使って、さまざまな公案が形成されるということである。聖書の文章、発言内容、エピソード、物語など、キリスト教の伝統の中にいる者にとっては長らく慣れ親しんできた素材によって、私たちの存在の原事実に、すなわち真実の自己の深みに至りうるというのである。そのようにして体験された真の自己がどのように再び「キリスト教的」に解釈され、再提示されうるか、あるいはされねばならないか——それは神学的思索の課題ではあるが、「聖書的公案」そのものの課題ではない。

2・2 諸例

私見によれば、聖書は公案に満ちている。真実を言えば、ほとんどどの句をも公案として扱いうると言える。聖書を用いて百則の公案集を作るのは、決して困難なことではない。しかし本論の中では、ごく少数の典型的な例を挙げ、それらが見事に公案として機能しうることを示唆するにとどめたいと思う。

2・2・1 例 1

次の例から始めよう。

神はなぜ初めに天と地を創ったのか。

この背後に、「初めに神は天と地を創った」(創世記一1)という、聖書の第一句があることを知らない者はいない。この句がここでは「なぜ」という語で質問文に書き換えられている。この問いに対して、「なぜなら神は天と地を愛したから」等々の答を提示するならば、その答はすでに的を逸している。その答では、単に「神学的」な論述的返答——禅の言葉で言えば「理屈」——を弄んだに過ぎないからである。すでに述べたように、どの公案も自己の原事実への問いであり、この原事実はただ事実でしか表現できないものである。

大事なことはもう一つある。この公案は、「神」が常に彼方の高みにあり、罪ある人間としての自分が絶えず此方の低みにあるのであれば、決してまともに解くことはできない。原事実とは常に、純然とした一つのもの以外ではない。この公案は、神と人間の二極切断が、真実の自己の体験によって克服されることを要求せずにはいないものである。キリスト教徒にとってはタブーとなっているこの一歩を最終的に躊躇するなら、想像をはるかに超える原事実の敷居の前で、従来同様こわばり続けることになる。

2・2・2 例 2

イエスの十字架死と三日目における彼の復活の間、天使ガブリエルはイエスをどこにも見出せなかった。イエスはどこにいたのか。

この公案は、聖書のある具体的な句に基づいているのではない。それはむしろ、イエスが「三日目に」死から甦ったという新約聖書の一般的証言(例えばIコリント一五4、マルコ一六1以下等)に基づいている。そこから質問が出る。では、その死と復活との間、彼はどこにいたのか。すでに一世紀の末頃、イエスは冥界(ハーデース)へ行き、そこの人間たちに福音を宣べ伝えたという、神話的表象が出てくる(Iペトロ三19)。後代では、この視点は、とりわけビザンチン教会において、「キリストの黄泉下り」として一層発展させられた。しかしそうであれば、神の最高天使の一人であるガブリエルの眼に止まらないはずがない。にもかかわらず、「天使ガブリエルはイエスをどこにも見出せなかった」というのであれば、それはなぜであろうか。

真実の自己の禅的認識において、自己の空性を事実として捉えることは基本的な重要事である。この「私」なるものが、実は全く存在していない、あるいは初めからいなかったと実体験することは、禅において不可欠のことである。この、「私」の無限の非存在を現実として体験すれば、個人によって様態と程度の差はあれ、たとえようのない喜びが湧出する。そうすれば、イエスがなぜ

「どこにもいなかった」かが、たちどころに理解できることとなる。

2・2・3　例3

私は道であり、真実であり、いのちである。誰でも私によらずに、父の御許に行くことはできない。

これはヨハネ福音書一四章6節である。おおよそ新約聖書の中で、ヨハネ福音書ほど公案性に富んだ文書も珍しい。そもそもヨハネ福音書の「イエス」とは何者か、これ自体が公案である。そしてそのイエスが道であり、真実であり、いのちであるとはどういうことか。禅的に見れば、ここには、一般的な新約学の釈義とは天地ほどにも異なる次元の事実が潜んでいる。そしてそこまで突破すれば、「誰でも私によらずに、父の御許に行くことはできない」という、一見してきわめて排他的な後半の発言も、まったく別の様相を顕《あらわ》にしてこよう。——果たして福音書記者ヨハネがそうした事態を念頭に置いていたのかどうかは定かではないが、禅的事実の世界ではそうでしかあり得ない、という次元が如実に浮かび上がってくる。

2・2・4　例 4

三位一体は三か一か。

三位一体は聖書には直接は登場しないが、教理史における重要性からして本論においても言及する価値があろう。「父、子、聖霊」に分節される神の「三一性」の教義は、四世紀のニカイア・コンスタンティノポリス信条の成立以来、キリスト教の中核的真理と見なされてきた。しかし、現代の大部分の人間は――よりはっきり言えばキリスト教者は――、実のところ、この教えを十全な意味を持って聞き取ることができなくなっている。したがって、数多くの神学者たちが、この真理を事柄に即して説明し、信じやすくしようと試みている。禅においてはしかし、そのような「解説」は、いかに賢く知性あふれたものであっても、真に意味のある位置を占めることができない。ここで三位一体は、禅においては常にそうであるように、活きた事実として提示されなければならない。それによって初めて、「三」か「一」かの決着がつくことになる。

2・2・5　例 5

我が神、我が神、なぜ私をお見棄てになったのか。

最後の例は福音書からの直接引用である。イエスの最後の言葉として書き留められているものである（マルコ一五34、マタイ二七46、元来は詩篇二二1）。これは形としても質問になっている。しかしこれに対し、神学的・説明的な答を与えようとすれば、すでに道をそれてしまったことになる。何かを「説明」しようとすることは、すでに見たように、突きつけられている現実の外に己を置くことになるためである。この公案に答えようとすれば、彼の叫びと全く一つになり、イエスの全現実を己の身に受けるしかない。

もっとも、この公案への可能な答を独参室において提示するのはさほど困難ではないかもしれない。しかしながら、私たちの実人生は、多かれ少なかれ、このような叫び――「我が神よ、どうして私を見棄てたのか」――に満ちていると言ってよい。そうであれば、妥当する答を独参室で提示しても、それで事が足れりとは決してならない。むしろ、「人生における公案」としての次元がより強烈に見えてくるであろう。重要なことは、実人生を賭けてこの公案を担いつつ、この叫び自体がすでに最終的な答を開示していることを行証することである。

まとめ

語源的にはおそらく「私は誰か」を意味する「公案」は、文字通り自己の正体を問う問いであり、修行者をして、真実の「わたし」の存在への認識に駆り立てる詰問である。しかしさらには、公案はそれ自体ですでに、この真実の自己を具現している姿である。ある公案が「聖書的公案」と呼ばれるとすれば、それは公案が聖書的素材をもとに構成されているということである。そのような聖書的公案によって提示されるのは、第一義的に「キリスト教的」な真理ではなく、人間学的な原事実そのものである。この原事実を認識し、それと一つになり、それに従って生き抜くことが肝要なのである。

「聖書的公案」がそのようなものであるとすれば、いわゆるキリスト教の文化圏において、「聖書的公案集」が編まれ発刊されてしかるべき時節がもうすでにきていると思われる。

(1) 禅学大辞典編纂所(編)『新版 禅学大辞典』大修館書店、一九八五年、三〇三頁。
(2) Zen Meditation. Eine Einführung, Zürich/Einsiedeln/Köln ^{2}1977, S. 32.
(3) 女性が話すなら kAham となる。愛宮神父が挙げているもう一つの形である ko ayan はここでは無視する。これはおそらく「これは誰か」(ko'yam[ないし kaH ayam])に由来するからである。これらの語学的要点を教示してくれた東京大学文学部の丸井浩教授(二〇〇六年六月一七日付メール)に深謝したい。
(4) 同じことがすでに「禅那」(「禅」はその省略形)に言える。これは元来「瞑想」を意味する dhyāna を、漢字を使って音写したものである。
(5) Ramana Maharshi, Gespräch des Weisen vom Berge Arunachala, Interlaken 1984, S. 212. この例に関して、Enomiya-Lassalle, op. cit.
(6) 「私の心とは一体何ものか」の意。「抜隊仮名法語」『成佛之真路』禅門法語叢書1、みづほ書房、一九七一年、六三頁参照。
(7) 「父と母が生まれる以前」の、「お前の本来の顔とは何か」の意(なお『無門関』に関しては、西村恵信(訳注)『無門関』岩波文庫、一九九四年参照)。

(8) 「菩提達磨は一体なぜ鬚がないのか?」の意。
(9) 「或る僧が趙州和尚に問うた、『犬にも仏性があるのですか、ないのですか』。趙州は言った、『無』」。
(10) もっとも、こうした非理性的性格の公案にも、一種の超論理的論理がなくはない。そして賢い(あるいは賢すぎるほどの)現代の知的修行者の中には、その非論理的論理を何とか理解し、それをいわばパターン化して、形の上では正しい答を呈しうるという場合もなくはない。しかし、そのように進んでいけば、当の本人にはやがて多大な不幸と苦悩が待ちかまえていると言って過言ではない。真の体験なしの知的遊戯は、いつか必ず絶壁に突き当たるか、蟻地獄に陥るものである。
(11) 道元禅師の有名な『正法眼蔵』の第一章は「現成公案」と名づけられている。「現成」とは、現実の現象世界のことであり、ここでの「公案」とは本質界と同義である。つまり、「現成公案」における「公案」の使い方は、私たちの挙げた第二の「公案」の意味に近い。
(12) 入矢義高・溝口雄三・末木文美士・伊藤文生(訳注)『碧巌録 上』岩波文庫、一九九二年、一九七頁。
(13) 聖書の(とりわけ物語の)単元を意味する。
(14) 代表的なものに、門脇佳吉『公案と聖書の身読——キリスト者の参禅体験』春秋社、一九七七年。

第11章　「禅キリスト教」の概要

まえおき

これまでの論考は、意識的にも無意識的にも、「禅キリスト教」というべき事態へ収束する内容を持っている。そこで最後に、「禅キリスト教」なるものをまとめてスケッチすればどうなるのかを記してみたい。「禅キリスト教」とは、「禅仏教」という言い方があれば「禅キリスト教」があってもいいと考え、便宜的に名づけたものである。要は名辞ではなく、内実のリアリティであることは当然である。加えてこれは、明確な組織的マニフェストというよりも、大方がすでに生じている運動の最大公約数的な特徴を略述し、その少し先を見通そうとするものである。もちろん、私の思い入れもあって、どこまで客観的かどうか危ぶまれるが、しょせん厳密な客観性が望めないのであれば、こうしたスケッチも許されるであろう。

宗教とは、一般に教義、儀式、組織の三点から考察されるのを常とするが、ここではそれに聖典という項目も入れて、四つの面から考えてみよう。これはしかし、禅キリスト教という新しい「宗教」を考察するという意味ではない。ただ便宜的にこの四点から当該の現象をスケッチするというだけのことである。

1　教　義

「禅キリスト教」には、明確に言語的に定義された「教義」は存在しない。「教義」があり得ないということ自体が教義、という逆説的な言い方すら可能かもしれない。しかし、言語表現の次元を観察するなら、事柄把握の或る傾向性は明瞭に読み取れるであろう。それは——以前にも述べたが——神論とキリスト論の次元で明瞭に現れるものである。

1・1　神　論

禅キリスト教の潮流の中で最も重要な点の一つは、「神」と「人」の質的・絶対的隔絶が前提され、標榜されることがないということである。おそらくここに、将来的にも、一般的キリスト教からは最大の懸念と疑義、場合によっては敵意が示される原因が存在しよう。しかし「神」と「人」が本質的な原事実において「一つ」であるという体験知が、禅キリスト教の潮流の基本にあることは否定できるものではない。むしろ、「神」と一つでありながら、現象態の自己の罪悪性と不完全性を鮮明に意識し、最も謙虚になるという、一見矛盾した逆説的存在形態がありうるということである。これは言語論理のレベルでは解明不可能な事態であるが、禅の言葉で言えば、「全別」でありながら「全同」であるという、事実を最も公平に見た表現となるのである。

ということは、禅キリスト教的人間論においても、これまでのキリスト教神学が定義したように、「罪ある被造物」としてのみ人間存在を考える、という視野が修正されざるを得ないことを示唆する。「人間」はその生来の罪性のまま、その究極の本質において、すでに「人間」をはみ出しており、すでに人間の底が抜けている何ものかなのである。禅の体験はそれを証するものにほかならない。この点に関しては、将来の人間学が長きにわたって論じ、言語化するのではないかと思う。

また、「神」をただ「人格」的に理解するという仕方にも修正が施される。先のアンケートでは、「神」を己に対峙する人格とはもはや把えない、という理解が予想をはるかに超えて前面に出ていた。これにはしかし、欧州キリスト教の神観念の、抑圧的構造の歴史とそれからの解放という現在段階の契機が強く関わっているであろう。究極の原事実は、「人格」「非人格」の二者択一を超えた相を具えている。先に見たアンケートの回答の中にもあったが、究極なるものは「人格的」でも「非人格的」でもない。いや、むしろ逆に同時に、「人格的」であり、かつ「非人格的」でもあるとすら言える。遭遇する角度によって、「人格」的にも「非人格」的にも体験されながら、それ自体を語れば「人格」でも「非人格」でもない、としか言いようがないであろう。その意味でこの問題は、原事実における、「人格」の語源的な意味におけるPersona(仮面)のそれなのである。それはちょうど、仏教で究極的事実を、ある時は非人格的に「空」と言い、ある時は人格的に「仏」と言うのと似た事態である。

1・2 キリスト論

「キリスト論」とは、イエスをどのように見るか、ということである。キリスト教では、「イエスはキリストである」という定式が確立しているので、イエス論とは言わず、「キリスト論」と語ってきたが、要するに「イエス論」なのである。

ここでの「禅キリスト教」的傾向は、すでに言及したごとく、一方ではイエスを徹底した人間として見る、あるいは私たちの同類として見る、という方向である。つまり、イエスは独一的「神の子」等々であるとして、質的な隔絶をイエスと私たちとの間に設けることをしないのである。したがって、イエスの苦悩や罪性、弱さや過ちまで、共感の拠り所になるであろう。言葉の真実な意味における primus inter pares(同等な者たちの第一の者)としての受け取り方であり、かつて私が「イエスの釈迦牟尼化」と規定した事態である。そしてここからして——逆説的であるが——、これまで以上の連帯性がイエスに対して覚えられていくであろう。

もっとも、イエスが人間であるということは、禅キリスト教的に言えば、さきほど「神論」の項の「人間論」の変化で述べたように、本質的に「神」との一致という原事実の中にいるということである。その意味ではイエスは確かに「神の子」なのである。つまり、私たちのすべてが「神の子」であるという意味において、彼もまた「神の子」なのである。これは、先のアンケートでも、すでに多くの人の共通理解となっていたものである。

そのように見れば、これまで幾度となく、カルケドン信条の表現——イエス・キリストは「真に神にして、真に人間」——に対して批判的な言及をしてきたが、もしもこれをイエスを含めた人間存在の究極の規定とすれば、実は全く正しいことになる。「変化することなく、分割されることなく、分離されることのない」「合一《ヘノーシス》」とは、人間最深の在り方の本源的表現となる。つまり、カルケドン信条の誤りは、それが対象をイエスにのみ限定したことが狭隘にすぎたということである。

そうであれば、いわゆる「三位一体」の教義もラディカルな再解釈が可能である。「父―子―聖霊」の中の「子」とは、普通はイエス・キリストのことであり、それ以外ではあり得ない。しかし、以上の論旨を適用すればはるかに別次元の事態が見えてこよう。ここの「父」とは、禅キリスト教の体験知で遭遇する廓然《かくねん》とした原事実のことであり、この「子」とはイエスを筆頭にした現象態のあらゆる人間のことであり得る。そして「聖霊」とは、その二者が摩訶不思議に一つとなって真実の神が具現するその神秘、その事実、そのエネルギーを表すであろう。般若心経が「空即是色、色即是空」と言っていることが、これと比論されるであろう。敢えて言えば、「聖霊」とは、「即」で表される事実性に対応するものである。――もっとも、このような三位一体の再定義は、禅キリスト教の当事者たちによってもまだほとんどなされてはいない。また、このような言葉にして観念的に宣伝すべきものでもなかろう。ただし、禅キリスト教のヴェクトルがそうした方向へ向かっていることは、感知しておいてよいと思われる。

問題は、「人間」が、ということはわれわれが、その「神の子」性をどのように生き切り、実現していくかなのである。これが最大の関所であって、言葉遊びの次元ではない。その際、懸崖に手を撒《さっ》して命を棄てていったイエスの模範的意義は、いささかも揺らぐことがないであろう。

2 聖典

宗教運動には中核となる文書がつきものであり、それがやがて聖典となってその運動のアイデンティティを形成する。キリスト教の場合は、旧約・新約の両聖書がそれに当たり、さらには「正典」(Canon)という独一的な地位を与えられたことは周知である。こうした自己限定は、紀元二世紀に、いわゆる「異端」に対する対抗手段として、歴史的にはきわめて問題のあるプロセスを通して生じたのであるが、それがキリスト教の全体を規定する条件と化している。とはいえ、カトリックにはなお「第二正典」という文書グループが存することは周知のことである。いわゆる「旧約聖書外典」に相当する文書を中心にしたもので、『新共同訳聖書』では「続編」として採用されている。すなわち、「正典」だけでは実質的に狭すぎることを教会自体が認めたようなものである。

宗教改革期になると、プロテスタントはカトリックとの対抗上、Sola Scriptura(ただ聖書のみ)の原則を打ち出した。しかし、一九世紀以降の聖書研究は、その「聖書」自身が統一的でなく、相互に矛盾する思想内容を多種多岐にわたって主張していることを明らかにしてしまった。聖書を「神の言葉」として逐語霊感的に——そういう人々は今でも存在するが——「信ずる」ということでは、キリスト教自体が内的に成立しなくなってしまったのである。実際、「聖書のみ」と言っている人々も、実際はその「聖書」の中で秘かに取捨選択を行ない、自らに適合した文書や箇所を偏愛し、あまり好まないものは暗黙裏に無視しているものである。たとえば、新約聖書の中の「ユダの手紙」に、他の文書と同様の決定的な価値を与えている人を私は知らない。

他方、禅キリスト教の潮流にある人々は、多くの非「正典」的文書ないしは非キリスト教的文書をよく読む。そうした中でも、キリスト教神秘主義の著作は特別な位置を占めている。ディオニュシオス・アレオパギテースらの否定神学に代表されるギリシア教父の書物、ヒルデガルト・フォン・ビンゲンなどの中世の女性神秘家、マイスター・エックハルトを頂点とする、タウラーやヤコブ・ベーメなどのドイツ神秘主義、また十字架のヨハネ、アヴィラのテレサを擁するスペインの神秘家たち、そして一四世紀イギリスの無名著者の『不知の雲』(The Cloud of Unknowing)等々、それは一大山脈を形成している。明らかにこれらの神秘家たちの著作には――細部の子細や言語観念の差異は明らかながら――根底において禅と通底する体験知の事態がある。* そしてさらには、そうした事態に至るために欠かせない、主体の側の心のあり方が克明に述べられている場合が多い。つまり、かつてはカトリック教会の中では周辺的存在であるか、あるいは異端的存在であって弾圧と棄却の対象でしかなかったこれらの神秘家たちの作品を、禅キリスト教の人々は、自己の修行の重要無二の指南書として読んでいるのである。たとえば、禅における己事究明の道において、出口の見えない修行の苦しさを、十字架のヨハネが言う「暗き夜」(noce oscura)の事態と重ねて堪えていくということがある。あるいは禅体験を与えられた後、その中に自己閉鎖するのではなく、それを活発な社会生活の中に還元すべきことを、マイスター・エックハルトの「マリアとマルタ」(ルカ一〇38以下)の説教から学ぶということがある。つまり、神秘家たちの作品は単なる解釈の対象ではなく、それを鏡として修行の道を進む、同伴者の位置を占めるに至っているのである。

* 禅キリスト教的領域における、この点の指摘と展開の先駆的作品は、愛宮＝ラサール神父の作品である(H. M. Enomiya-Lassalle : Zen und christliche Mystik, Freiburg i. B. [3]1986 ([1]1966) ; ders. : Zen-Meditation für Christen, München [4]1976 ([1]1968) [邦訳・『禅と神秘思想』柴田健策訳、春秋社、一九八七年])。神父自身、キリスト教神秘主義と禅の相似性に気づくことによって、禅の世界に真剣に取り組むことになった。

そして同時に、神秘家たちの作品は、とりわけヨーロッパの禅キリスト教者らのアイデンティティを再確認する機能を果たしていると言える。つまり、禅キリスト教を行じる人々は、神秘家たちの著作の中に、自分たちのキリスト教の歴史の中にも禅と比肩し、禅と一致する体験知の分野があったことを確認することによって、いわばキリスト教の最深部の根を再発見し、自分たちのキリスト教の場に安んじながら禅を修行していくことができるようになるのである。その意味で、禅と神秘家たちの著作の二つの回路を通して、禅キリスト教者たちは、大きく自己回帰するに至っているとすら言えるのである。

さらには、禅キリスト教の中では、非キリスト教的な宗教書、たとえばネイティヴ・アメリカンの宗教的言語や、ケルト人の宗教書や、古代インドの文献や聖人の言葉も広く愛されている。古代人の世界と人間の把握の中に、禅に通じる一元の世界の煌めきを看取するからであろう。それらが策励になるのであれば、棄てるべきものはなにもないことになる。そして当然ながら、禅の古典的テキストも、徐々に英語やドイツ語に翻訳され、流布するようになった。公案本も、『無門関』『臨済録』『碧巌録』『従容録』『伝光録』『趙州録』、それに『宗門葛藤集』など、多くの主たる公案テキストは英語(およびドイツ語)になって存在するし、また黄檗禅師の『伝心法要』や道元禅師の

『正法眼蔵』も英訳されているか、その英訳が進行している。もっとも、それがどこまで原意を忠実に伝えているかは議論の余地があろうが、とにかくも、半世紀前には考えられなかった禅文書翻訳の状態にあることを記しておきたい。それらは、禅を知的に理解しようとしている人たちのみならず、実際に日々坐禅を行じている人々――その巨大な部分が禅キリスト者たち――の大きなガイダンスになっていることは間違いないと思える。これはまさに「古教照心」、すなわち古人の書いた書物をひもとき、己の修行の程度を映しだす鏡にして、さらなる修行に励むという精神の実践であろう。数年前、スペインで師家として禅を指導しているカトリックのシスターが、私に『楞伽《りょうが》経《きょう》』(五世紀頃に書かれた大乗仏典の一つ。達磨大師が伝えたとされ、禅に多大な影響を与えた)の英訳テキスト(Lankavatara-Sutra)を求めてきたことがあった。私は探しに探して、ようやく一部をコピーすることができ、送付したが、彼女はそれを克明に読みこなし、指導する上での自分の知的財産と化してしまった。――おそらくあと数十年もすれば、この状況は幾重にも進展した状態になるであろう。

これを要するに、禅キリスト教の「聖典」とは特に存在するわけではないが、明らかに「正統的」キリスト教文書の範囲を超えて、禅の行証にとって意味のある書物が熱心に読まれている事実を挙げておけばよいであろう。

3 儀式

禅キリスト教に特別の儀式というものはない。しかしそれでも、坐禅を紐帯としつつ、ある種の儀式的共通性があるとすれば、禅会ないし接心の指導者が聖職者である場合は、禅宗の朝課・晩課にならって、ミサ(カトリック)や礼拝(プロテスタント)が行なわれる場合が多いという点が挙げられる。その際も、沈黙の要素が多く支配するであろう。私が知っているある神父の接心中のミサは、おおよそミサが成立するための最小条件かとも思えるまでに要素を減らしたもので、福音書朗読、聖変化、主の祈りなど以外はただ皆で深い沈黙を続行するというものであった。その方が、それら数少ない言葉から強烈な印象を受ける結果になるものである。とにかく、禅キリスト教では、儀式も坐禅に仕える位置にあると言えるであろう。

もっとも、欧米の禅キリスト教における坐禅は、ほぼすべてが日本の曹洞宗か臨済宗の坐禅方法を採用したものであることを付加しておこう。当然ながら、zazen, sesshin, kinhin, kyôsaku, teishô, samu など、伝統的な日本の禅語がそのまま使われ、実践されている。こうした土台の上に、将来どのような禅キリスト教独自の共通儀式が発展するかは、今のところ見通すことができない。

4 組織

これまで述べてきた「禅キリスト教」とは、一箇の組織体ではない。カトリック、プロテスタント、正教と並んで、もう一つの教派を起こすものではない。むしろ、それらを横断的に貫き、キリスト者でありながら坐禅をする者という意識が成立させる連帯性(communitas)である。別な言い方をすれば、カトリックもプロテスタントも呑み込む一つの民衆的共同潮流なのである。したがって、教会構造トップの責任者たちの懸念をよそに、カトリック教会の中にも、プロテスタント教会の中にも、そして若干だが正教会の中にも、禅キリスト教的核ができている(もっとも、仏教的ないし非宗教的核も当然ながら存在する)。また、彼ら相互間の意識的な紐帯も形成されつつある。確かに、教義的一致を同化の条件にするならそう容易に実現するものではないであろう。しかし教義などを乗り越えて、坐るという事実自体に関心と課題と魅力を覚える者同士がそれぞれの核を形成し、そして互いに響き合って絆を築いていくのである。

また、この潮流の中にいる人々にとっては、緩やかながら、とりわけヨーロッパにおいて新しい社会的連携の基盤を求める志向が見える。環境、政治、文化——どの面でも深いペシミズムが領する中、どのように人間生命が、また地球生命が生き、かつ共に生きることができるか、そのために何をすべきかという、いわば禅を通して見え始める「一つ」の世界からの、新しい倫理構築の問題意識である。つまり、禅キリスト教的流れに関わる人々は、決して社会の退行現象を示しているのではなく、ある意味では静かな社会変革の最先端にいるとも言えよう。

この草の根運動は、これまでにない全く新しい、現代世界の「下からの」宗教活動であろうと思われる。それは特にヨーロッパにおいてそうであるが、その他にも、フィリピンを代表とするアジア圏、および北アメリカ圏においても同様である。これがなお一層進展し、結局はカトリック、プロテスタント、正教の教義や組織等の差異を相対化しつつ内側から侵食していき、新しい社会倫理とも結合し、やがて最終的には、キリスト教の新たな歴史的段階を招来させてくれるのではないか、と期待させるものがある。

エピローグ
ヨーロッパ禅における可能性と問題性

1

禅の道は、伝承によれば紀元六世紀前半にインドから菩提達磨によって中国に伝えられて興隆し、さらには一二世紀後半から一三世紀前半に至り栄西禅師や道元禅師などによって日本にもたらされた。それが二〇世紀になるにおよび、ようやく西洋にまで伝わったことになる。それも、二〇世紀の後半になって、禅の理論や哲学*ではなく、実際の禅の修行すなわち「坐禅」の修練が初めて西洋に伝播したと言える。その意義はひときわ大きく、宗教史的大事件と呼んでも大げさではない。** 坐禅運動は今、ヨーロッパで一つの広範な草の根運動に発展し、徐々に指導者層の世代交代の時期を迎えている。本書では、その成果の一つとして、〈禅キリスト教〉とでも呼ぶべきキリスト教運動の誕生に目をとめたが、以下、より一般的に、ヨーロッパの禅の特徴ないしはそのさらなる展開の可能性と問題性について略述してみたい。

* この面の代表的な貢献者は、明らかに鈴木大拙博士(一八七〇―一九六六年)である。

** その際、ヨーロッパに焦点を合わせれば、一九六七年以降、フランス圏に曹洞禅をもたらしたのが弟子丸泰仙老師(一九一四―八二年)である。臨済禅では、ドイツを中心にした天竜寺管長・平田精耕老師(一九二四―)らの活躍がある。また一九七九年以降継続されている「東西霊性交流」を担った方々の諸活動も特筆に値する。そうしたなかで最大の担い手は、三宝教団第二世管長の山田耕雲老師(一九〇七―八九年)であり、そのもとで参禅しつつヨーロッパでの接心を精力的に繰り返していた愛宮真備(ドイツ名・Hugo Lassalle, 一八九八―一九九〇年）神父であろう。現今のヨーロッパの参禅運動の優に過半数がこの流れを汲んでいる。

2 現在のヨーロッパ禅の最大の特徴は、それが「在家禅」であることである。もちろん日本でも、僧侶の大部分が結婚し、寺院世襲の風習が常態である現実では、「出家禅」という言葉は死語に近い。己事究明を掲げる真剣な修行者の存在を全く否定するものではないが、それでも日本の禅は、大部分が、僧侶としての「資格」獲得を前提にした「僧堂禅」、つまり厳格であろうとも一定期間に限られた僧堂における禅修行が主流であることは否定できないであろう。そしてその周辺に、若干のいわゆる「在家」の修行者が環をなしている構造であると言える。

ヨーロッパで「在家禅」が大部分であるということは、そういった意味の「僧堂」中心の禅でもないということである。確かに、ヨーロッパにも禅の僧籍に入り、独身を貫いているヨーロッパ人がいる。しかしそれは全体からすれば例外現象である。また、幾人かの禅の教師はキリスト教のいわゆる聖職者である。そして一定数の坐禅道場が教会の枠内で、教会の建物を使って行なわれている事実はある。しかしながら、そこで坐禅をしている人々の大部分は一般人であって、聖職者の参禅者が極少であることに変わりはない。ヨーロッパの禅が「在家禅」だということは、その禅運動の担い手の圧倒的多数が聖職者ではないということであり、その場が伝統的・日本的「僧堂」から離れてしまったということである。これは、これまでの私たちに既知の「禅」の映像とは大きな対照をなす。

3

ヨーロッパの禅が在家禅となり、禅道の専門家の手を離れてしまったことで何が起こったか。一つは、すでに述べたように、〈禅キリスト教〉の運動が誕生したことである。この背後には、「〈禅〉と〈禅文化〉は切り離し得ないが、区別できる」という、本書でもすでに触れ、今のヨーロッパの参禅者の中で暗黙裏にも前提になっている理解がある。もし「禅」が、日本などで培われてきた禅仏教的「文化」と同一であれば、そうした「禅文化」をすべて吸収し、模倣することなしには「禅」の受容はあり得ない。したがって以前は、「禅」をやりたければ「仏教徒」になるべし、というのが前提であった。しかし、「禅」と「禅文化」が原理的に区別できるものであれば、「禅文化」には深い敬意を払い、多くを受容しつつも、それを必ずしもすべて模倣する必要はないことになる。禅文化は確かに、禅仏教が核になって形成されたものであり、仏教の宗教形態を抜いては考えられない。しかし「禅」が、自己の本質を体験的に見抜くことであれば、それは狭義の「宗教」ではなく、「宗教」以前の、ないし「宗教」の根源にある人間学的次元の原事実と見なし得よう。* 実際、これが今のヨーロッパにおける坐禅運動において、広範な共通理解となっているとしてよいであろう。

＊　この点を鮮明に述べたのは、上述の山田耕雲老師である。「仏教教理はしばらく措く。坐禅そのもの、禅体験そのものに関する限り、そこに宗教的色彩は全くない」(門脇佳吉編『禅とキリスト教・瞑想＝自由への道』創元社、一九七五年、一九〇頁)、および「坐禅は、キリスト教が宗教であるという同じ意味では宗教ではない」(『禅の正門』春秋社、一九八〇年、二八五頁)参照。

4 こうした中で実践されてきたヨーロッパの禅は、不可避的に、伝統的な日本の禅界から見れば異質とも思える発展を遂げ出したように思える。それはどのような姿を呈してくるのであろうか。日本における伝統的禅は、なにはともあれ骨格的担い手が、(精神的に)健康な、若い男性中心であった。したがって、きわめて厳格で、体力と精神力を極限に追い込むような雲水の修行が、「禅」の語を聞いた場合の私たちの支配的映像であろう。ヨーロッパでも、己事究明にエネルギーのすべてを尽くす覚悟の厳格な修行者は――たとえ「居士」であっても――存在しないわけではない。もっとも、そこにおける厳しさとは、身体的な辛辣さのことであるよりは、真の自己を求めていくときの緊張の厳しさであり、先の全く見えない道に無条件で自己を投棄し続けていく忍耐の辛さであろう。* そうした求道者の層が、ヨーロッパでも確かに坐禅運動の基盤を構成しているのである。

* 警策による策励も、日本の僧堂では、肩に青あざができ、血痕が滲むのは当然の様相である。しかしヨーロッパでは、この「文化」は輸入されていない。ヨーロッパには、新参者を殴って教育する、というような風習は存在しないために、警策による一方的な打擲は理不尽な暴力としかとられず、はなはだしい恐怖と憎悪を生みかねないのである。一般にヨーロッパの禅堂における警策は、願い出た者に施されるのが原則と見てよいであろう。

5 このような、ヨーロッパにおける禅の「エリート」たちに関して言えば、彼らや彼女らの己事究明の内的な厳しさに正当な敬意を払うと同時に、しばしば見逃される、それを超えた次元の厳しさにも敢えて言及すべきであろう。人は、なにごとであれ、厳しい内的修行を通して何かに到達した場合は、ほとんど不可避のこととして、その獲得したものがことのほか誇りとなり、重要になるものである。初回の見性体験でも深い喜悦をあじわうものであるが、さらに幾多の公案を通過して大事畢了ともなれば、いわば余人の及び難き高みに立つように感じても不思議はない。しかしこれでは発想が「加算」(addition)的であることに変わりがなく、どこかになにごとかを達成した自分の意識が残らずにいない。しかし禅の道は、ラディカルな「減算」(subtraction)の道以外の何ものでもない。それは、単に見性の一瞬間に自分を忘れただけでは十分ではなく、自分という意識存在の構造自体の透明無化を意味する。「自己をならふとは、自己をわするるなり」という道元禅師の言葉*は、その深みまで内包する言葉であろう。

さらに一歩進めて言えば、「減算」をし切ったという意識も障碍である。実は「加算」も「減算」も成立することの全くない世界に呑み込まれるのが、真の事実の世界である。しかしこれは、「自己存在」を深く定立することから世界の把握を始め、その意識の強化と拡大とに不断に努め、他から抜きん出てふさわしい「資格」を獲得する意識の強い文化にとっては、痛いほど困難な課題である。ヨーロッパ禅の最後の厳しさは、ヨーロッパ精神の根源に存する「自己」の意識の最終的空無化――これはヨーロッパ精神の自己矛盾とすら言える――の関門を通ることの厳しさである。指導する側から言えば、その次元までの指導の方法論を透徹徹底させることの困難さであろう。

＊『正法眼蔵』「現成公案」より。河村孝道（校訂・註釈）『道元禅師全集　第一巻』春秋社、一九九一年、三頁参照。

6　だが、ヨーロッパにおいて禅に来る者は、このような精神的な「エリート」だけではない。むしろ多数の「非エリート」をも引きつけていると言ってよい。この裾野の圧倒的広がりが、歴史的に観察した際のヨーロッパ禅の最大の特徴の一つである。すでに示唆したヨーロッパ固有の精神的風土においては、自分が責任ある一個人であり続けることに過度の疲弊を感じ、あるいは孤独な個人の重荷を乗り越えるために、あるいは自己の中の過去のトラウマを克服するために、禅に来る人がきわめて多い。そのために、ヨーロッパの禅教師たちが行なう独参は、一種のカウンセリング的様相を帯びざるを得ない。事実、禅教師たちは、臨床心理分野への一定の理解があることが望ましいとされる。自分で臨床心理士である必要はないが、臨床心理士や精神科医との間接的な連携を確保しておく必要があるであろう。私が個人的に体験した例では、ある三〇代の女性が、接心の最中に精神錯乱に陥り、臨床心理士を通して精神病院に入院させられたことがあった。私の知る限りでは、南ドイツのディートフルトの接心参加の応募用紙には、現在精神治療を受けているか否かの確認項目がある。もし現在治療中の場合は、担当医師に、坐禅の接心に参加してよいという許可をもらってこなくては受け入れてもらえない。とりわけ接心のような集中修行が、症状を悪化しかねないからである。坐禅の集中的実践においては、精神面での一定の「健康さ」は最低の前提条件であろう。しかしその臨界状態の人も、多く禅に来る事実は否定できない。

7

しかし、こうした困難さの中で、たとえば次のような事態も発生するのである。英国には「プリズン・フェニックス・トラスト」(Prison Phoenix Trust〔http://www.prisonphoenixtrust.org.uk〕)という慈善団体があり、刑務所の受刑者の福利のために全国的に活動している*(日本には類似の団体は存在しないであろう)。その中では、有資格者の指導の下で、刑務所の囚人たちに禅を教えるのが大きな活動になっている。この運動は今、カナダにも飛び火して拡大展開されているが、要するに、囚人たちの自己更生に坐禅が多大な力を発揮しているのである。そこではもちろん、一足飛びに悟りを得るため、とかいう目標は掲げない。なされているのも、数息観**・随息観***・只管打坐****などの方法によって、とにかく一切を放下《ほうげ》して坐ることを勧奨する点が中心である。しかしそれによって、囚人たちの自己理解・人間理解に甚大な変貌が起こりうる。それは必ずしも、禅の「悟り」の体験ではないかもしれない。しかし坐禅によって、明らかに人間の内的世界が変容しうるのである。その実例は、この団体が定期的に発行しているニュースレターに生々しい。

もう一つ例を挙げよう。これは私が個人的に知っているケースであるが、ヨーロッパのある国の精神科医で、もう一〇年以上、年に数回もの接心に参加し続けている女性がいる。彼女には幼年期以降の異様な家族状況があり、そのトラウマの苦悩が彼女に坐禅の門を叩かせたのであった。自ら精神科医であってみれば、自己の状況が心理分析的にどのような性質のものであり、どのようなカウンセリングが望ましく、かつ必要ならばどのような投薬を施して「治療」すべきか、専門的には熟知しているはずである。しかしそれでも、彼女は内奥の苦しみを癒すことができなかったのである。彼女は初めの何年かの接心において、よく泣いていた。坐って定《じょう》に入りかけると、涙がこみ上げてきて止《や》まなかったのであろう。その後、泣き崩れる回数は減ったものの、苦悩が氷解したようには長らく見えなかった。外から見れば、「よりによって精神科の医者が、なぜ坐禅をこれほどまで執拗にしなければならないのか……」と思えたであろう。――その彼女が、ごく最近、家で作業をしていて高みから落ち、不幸にも腕を折ってしまった。その「アッ!」という激痛の瞬間、何かがずり落ちたと言う。その後彼女に会ったとき、今まで決して見せたことのない、落ち着いた、晴れやかな表情であった。おそらく彼女は、長い長いトンネルから、ようやく出てきたのであろう。どこか、深く印象に残る表情であった。

つまり坐禅は、歪み、傷ついた心理の回癒にも、明らかに道を整えうる力をもつものである。*****苦しみや痛みが深ければ深いほど、正師のもとで誠実に坐り、坐り続けることによって、心は本来の均衡を回復しうるのである。ここには、坐禅の新しい一つの可能性が顔をのぞかせている。

* 以下にホームページがある――http://www.prisonphoenixtrust.org.uk/ (二〇〇七年夏現在)。

** 呼吸と共に、数を一から一〇まで心の中で数えるもの。

*** 呼吸を自分で意識する形で、坐禅するもの。

**** ただ打ち坐る、という形の坐禅。

***** このことに早くから気がつき、それを方法論的に展開した人物に、カールフリート・デュルクハ

イム男爵(Karlfried Graf Dürkheim, 一八九六―一九八八年)がいる。彼は日本滞在(一九三七―四七年)の間に禅に触れ、帰国するや五〇年代前半に心理学者マリア・ヒッピウス(Maria Hippius)と共に南ドイツ・黒い森の中のトトモス゠ルッテ(Todtmoos-Rutte)において、精神的心理的回癒のための瞑想を核とするセンターを開設した。現在でもドイツにおいて彼は、その書を通して依然として影響力を持つ。

8

坐禅は決して、精神的エリートにして強者である者のみがなし得るものではない。確かにそれは、己事究明を最大かつ固有の課題としている。しかしその方法は、ほぼ万人に開かれている優れた自己修養の道なのである。ただ、方便として、公案等で「本格的」に修する覚悟の者たちと、窓口を広くした、いわゆる参禅経験のさほど深く長くない者たちとの間に区別を設けることはありうる。事実、これはしばしばヨーロッパにおける禅の指導の際、現実になされていることである。

こうした裾野の拡大を、外国人のやる「アマチュア禅」、あるいは遊び事と侮ってはならないであろう。実はこうした修練の中から、思いがけない貴重な体験が起こりうるからである。私は、最初に参加した接心で図らずも見性してしまった男性を一人、女性を二人知っている。その女性の一人の体験は、聞いても呆れるほどの、深甚徹底した自己忘却の体験であった。要するに坐禅は、それを何年やったのだから何が得られるという風に、年功序列的に、加算的に動くものではない。坐禅に身を投ずるまでのその人生の体験と所与の因縁条件のなせる部分が大きく、そうした状態に、たとえ「アマチュア禅」であろうと最善の契機を与えた場合、甚大な噴火が炸裂しうるのである。新約聖書に、「先なる者、後なるべし。後なる者、先なるべし」(マタイ二〇16等)という言葉があるが、事実、坐禅とは人智を超えて空恐ろしいものだ、との感を禁じ得ない。

9

ヨーロッパの坐禅指導者たちは、少なからず、以上のような多層的な事態とその問題性および可能性を把握し始めたように思われる。今ヨーロッパでは、坐禅の意義と可能性とに関して、これまで日本でなされてきた以上に広範な「実験」が行なわれていると言ってよい。そしてそれと同時に、最も深い精神部位の変革にも着手し始めているのではないだろうか。その結果は、必ず時を経て日本にも伝わらずにはいないであろう。行く末を刮目して見守るに値する事態が、静かに進行していると思われる。

道元禅師がその『辨道話』で述べている以下の文章は、誇張でも神話でもなく、今や洋の東西を問わず証しされつつあることを感ずるものである――

しるべし、
たとひ十方無量恒河《ごうが》沙数《しゃすう》*の諸仏、ともに力を励まして、
仏智慧をもて、
一人《いちにん》坐禅**の功徳をはかり、しりきはめんとすといふとも、
あへてほとりをうることあらじ。***

*　「ガンジス川の砂の数ほど無数の」の意。
**　「たった一人の人の」の意。
***　河村孝道(校訂・註釈)『道元禅師全集　第二巻』春秋社、一九九三年、四六四頁。

あとがき

本を出版するということは、どこか気恥ずかしいものである。この本には、特にその感が強い。明眼の士が見れば、何とも軽薄な言葉の連続であることが分かるはずであり、それに対しては一言も抗うことができない。

この本は、ただ問題提起のために出版される本である。気障な構えは、そのための道化仕業に由来すると思っていただければありがたい。これからのキリスト教に関して、キリスト教内の禅のこれからに関して、方向を手探りした軌跡をあからさまに提示し、読者諸氏のさらなる地平線の開陳を期するためのものである。したがって、このような本はもう古すぎると笑い飛ばされる日のやがて来ることが、この本のひそかな願いである。

それにしても、本書を出版するまでに漕ぎ着けたのは、ひとえに岩波書店編集部の中川和夫氏のおかげである。編集者というものが、どのように人をおだてて踊らせ、かつ際限のない忍耐をもって待ちうけつつ、慇懃言辞の限りを尽くしながらも不断に催促し続けるか、その例において中川氏の右に出る人物を私は知らない。加えて、ここに集められた論考の厚かましさを問題提起として甘受し、その可能な意義を最初に見つけようとしてくれたのは同氏である。常ならざる謝意を表したい。

二〇〇七年、猛暑の中で

佐藤 研

初出一覧

Ⅰ　キリスト教の再定義

第1章　なぜヨーロッパで禅か――あるいは「禅キリスト教」の可能性………宗教への問い5『宗教の闇』、岩波書店、二〇〇〇年
第2章　個を超えて一へ――現代ヨーロッパのキリスト教………一九八九年九月一九日、ニュー・ウェーヴ研究会における講演（未発表）
第3章　伝統の継承と革新――キリスト教のゆくえ（原題・伝統の継承と革新――キリスト教を中心に）………岩波講座宗教第一〇巻『宗教のゆくえ』岩波書店、二〇〇四年
第4章　「復活」信仰の成立………『現代思想』一九九八年四月号
第5章　キリスト教はどこまで寛容か――キリスト教を再定義する試み………二〇〇七年三月一〇日、クリスチャン・アカデミーにおける講演、『福音と世界』二〇〇七年八―一〇月号

Ⅱ　〈禅キリスト教〉の誕生へ

第6章　ヨーロッパの参禅者と「キリスト教」――アンケート調査結果………書下し
第7章　禅とグノーシス主義………『グノーシス　異端と近代』岩波書店、二〇〇一年、ただしその改訂ドイツ語版 Zen und Gnosis, in: P. Lampe/M. Mayordomo/M. Sato (Hg.), Exegese im Dialog. Matthäus ― Wirkungsgeschichte ― Hermeneutik. FS für Ulrich Luz, Neukirchen-Vlyun 2008 をふまえたもの。
第8章　『トマス福音書』と禅………『言語』一九九七年一一月号
第9章　禅とキリスト教の合焦点………書下し
第10章　「聖書的公案」に寄せて………“Zum Thema 'Biblisches Koan'”, in: Festschrift für Pater Johannes

■岩波オンデマンドブックス■

禅キリスト教の誕生

2007年10月26日　第1刷発行
2015年7月10日　オンデマンド版発行

著　者　佐《さ》藤《とう》　研《みがく》

発行者　岡本　厚

発行所　株式会社　岩波書店
〒101-8002　東京都千代田区一ツ橋2-5-5
電話案内　03-5210-4000
http://www.iwanami.co.jp/

印刷／製本・法令印刷

ISBN 978-4-00-730240-4　　Printed in Japan